国家出版基金项目
NATIONAL PUBLICATION FOUNDATION
“十四五”国家重点出版物出版规划项目
中国经济转型历史与思想研究文库
上海财经大学创新团队支持计划资助项目

晚明时期货币思想转型研究

徐永辰 ◎ 著

上海财经大学出版社
SHANGHAI UNIVERSITY OF FINANCE & ECONOMICS PRESS

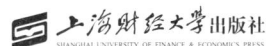

图书在版编目(CIP)数据

晚明时期货币思想转型研究/徐永辰著. —上海:上海财经大学出版社,2024.3
(中国经济转型历史与思想研究文库)
ISBN 978-7-5642-4253-4/F·4253

Ⅰ.①晚… Ⅱ.①徐… Ⅲ.①货币理论-经济思想史-研究-中国-明代 Ⅳ.①F822.9

中国国家版本馆CIP数据核字(2023)第190245号

□ 策划编辑　江　玉
□ 责任编辑　胡　芸
□ 封面设计　贺加贝
□ 封面篆刻　林　健

晚明时期货币思想转型研究

徐永辰　著

上海财经大学出版社出版发行
(上海市中山北一路369号　邮编200083)
网　　址:http://www.sufep.com
电子邮箱:webmaster@sufep.com
全国新华书店经销
上海华业装潢印刷厂有限公司印刷装订
2024年3月第1版　2024年3月第1次印刷

787mm×1092mm　1/16　10.25印张(插页:2)　156千字
定价:88.00元

中国经济转型历史与思想研究文库

主　编

程霖

副主编

王昉

燕红忠

总 序

当今世界正经历百年未有之大变局。中国经济也已经进入新发展阶段,正从高速增长阶段转向高质量发展阶段,经济发展方式正从规模速度型粗放增长转向质量效率型集约增长,经济发展结构正从增量扩能为主转向调整存量、做优增量并存的深度调整,经济发展动力正从传统增长点转向新的增长点。党的二十大报告指出,高质量发展是全面建设社会主义现代化国家的首要任务。立足新发展阶段,把握新发展理念,构建新发展格局,成为当前和今后一个时期我国经济发展的大逻辑。

"一切历史,都是当代史。"《中国经济转型历史与思想研究文库》正是顺应中国经济与世界经济的发展方向,以历史进程和思想演变为切入点,穿透纷繁的历史表象,对相关领域的学理脉络和思想线索进行梳理,对经济脉动的内在逻辑与规律进行总结,从而全方位、多视角地解析中国经济转型的路径与发展脉络。这对于当下正处在新的转型发展和中国式现代化伟大征程之上的中国经济的涅槃更生,无疑具有极强的启示意义与现实价值。

文库以经济史与经济思想史作为主要研究基质,依据问题导向,以 11 部原创学术著作展开相关专题的研究。选题内容广博丰富,时间横跨中国古代、近代和当代,涵盖中国传统经济思想与新时期中国经济学构建、前现代经济范式、大萧条与战争背景下的中国经济、土地经济思想、铁路经济思想、货币思想、公债思想、近现代经济社会转型、中国特色经济发展思想、国有经济与民营经济思想、创新与企业家精神、特定时期地方社会经济等方面的主题。每部专著的作者都在各自研究领域有着比较深厚的学术功底和研究积累。

在详尽搜集各领域相关经济思想和经济史料的基础上,学者们深入研究了中国经济相关领域制度变迁和转型升级的经验及教训,为在新时代实现中华优秀传统文化的创造性转化和创新性发展,构建中国经济学学科体系、学术体系和话语体系提供了可靠的立足点,同时有助于与现当代中国经济转型实践对接,为中国经济转型的未来方向提供经验借鉴,从而在全球化与"逆全球化"浪潮交织的时代背景下,为当下中国经济提供保持自身发展路径和"战略定力"的历史智慧与逻辑支持!

丛书主编　程　霖

目 录

第一章 导论/1
  第一节 选题缘由与意义/1
  第二节 学术史回顾/5
  第三节 研究思路与方法/17
  第四节 本书的边际贡献/22

第二章 货币流通性与稳定性：一个交换媒介属性的分析框架/24
  第一节 流通性与稳定性的横向考察：货币起源的不同假说/24
  第二节 流通性与稳定性的纵向考察：货币理论的发展/28
  第三节 流通性与稳定性的动态考察：货币制度变迁的目标导向/32
  第四节 流通性与稳定性的交换媒介二维属性分析框架/37

第三章 "银为上币"说的建构：货币思想转型的第一阶段/43
  第一节 货币思想转型第一阶段的背景/43
  第二节 "银为上币"说——一种复合型白银流通制度/51
  第三节 货币思想转型第一阶段的特征/63

第四章 "银钱两权"说的调整：货币思想转型的第二阶段/67
  第一节 货币思想转型第二阶段的契机/67
  第二节 复合型白银流通制度的调整/76
  第三节 货币思想转型第二阶段的特征/84

第四节 货币思想转型的理论内涵/87

第五章 "银钱并行"与"废银"的理念分歧：思想转型的阻力及其应对/94
第一节 "银荒"问题的提出及其解决办法/94
第二节 货币发行权归属问题的争议及其影响/103

第六章 货币供给探讨的延续：思想转型的历史影响/114
第一节 货币供给探讨的延续/114
第二节 晚明时期货币思想转型的历史影响/126

第七章 结论与启示/132
第一节 晚明时期货币思想转型与白银流通的总结和评价/132
第二节 晚明时期货币思想转型的启示与研究展望/136

参考文献/141

致谢/151

摘　要

　　晚明时期货币思想转型是中国古代货币思想发展过程中的重要阶段。在明中期以前,可供选择的流通货币主要是铜钱与纸钞。明中期以后,可供选择的流通货币有铜钱、纸钞、白银三种。由于可供选择的流通货币增加了白银,所以晚明时期货币思想转型随之发生。相比于货币制度变迁,晚明时期货币思想转型的研究一直没有得到充分重视。货币思想之争的实质是社会不同阶层之间基于利益关系的认识不同,货币思想转型的特征往往折射出货币制度变迁的实现机制。深入思考晚明时期货币思想转型的阶段特征和理论内涵,对于理解明代货币制度变迁与国家制度变革的内在关联大有裨益。晚明时期货币思想转型与货币制度变迁的逻辑和经验可以为现代的货币理论发展提供历史参考,为政府管理货币经济、提升货币政策绩效提供现实镜鉴。

　　本书建构了流通性与稳定性的交换媒介二维属性分析框架。在梳理货币起源假说、货币理论发展特征和货币制度变迁目标的基础上,本书指出流通性与稳定性是货币作为交换媒介的必备属性。流通性意味着间接交换的便利程度,不能流通的物品显然不能成为货币;稳定性意味着货币购买力平稳,交换媒介必须具备稳定性是为了满足跨期交换的需要。同时满足流通性与稳定性的货币是最优选择,能够长期用于交换。流通性与稳定性仅满足其一的货币可能引发货币制度变迁。弥补相对欠缺的交换媒介属性就是某一时点货币制度变迁的方向。流通性与稳定性的交换媒介二维属性分析框架可用于研究货币思想转型:首先,运用流通性与稳定性的交换媒介二维属性分析框架梳理货币思想的不同观点,有助于厘清不同思想观点的形成背景和内容实质;其次,运用流通性与稳定性的交换媒介二维属性分析框架研究货币思想转型,有助于厘清转型的理论内涵及其现实意义。

晚明时期货币思想转型的路径可以分为两个阶段:转型第一阶段的背景是,宋元时期至明中期铜钱与纸钞形成了货币供给的"循环困局";转型第二阶段的背景是,海外白银大量涌入中国,突破了国内白银流通性较差的瓶颈。转型第一阶段提出了"银为上币"说;转型第二阶段提出了"银钱两权"说。转型第一阶段缺乏兼具流通性与稳定性的交换媒介;转型第二阶段出现兼具流通性与稳定性的交换媒介。转型第一阶段的思路是,利用制度设计替代兼具流通性与稳定性的交换媒介;转型第二阶段的思路是,在流通性较好的交换媒介中剔除稳定性较差的交换媒介。晚明时期货币思想转型的理论内涵具有流通性改善与稳定性优化两个方面:流通性改善指的是国内白银存量大幅增加可以满足市场流通的需要;稳定性优化指的是复合型白银流通制度调整方案剔除稳定性较差的纸钞。从偶然性与必然性的角度来看,国内白银存量大幅增加是一个偶然事件。流通性较好的交换媒介有了更多的选择,从而推动货币制度设计剔除纸钞的必然发生。

晚明时期货币思想转型的阻力主要来自明末"银荒"问题和货币发行权归属问题。针对明末出现的"银荒"问题,有观点仅仅基于交换过程的视角,认为流通白银短缺造成了民众贫困,故而提出废银主张;也有观点基于生产、交换、分配、消费全过程的视角,认为流通白银短缺的根源在于社会动荡、生产停滞、市场失序。从方法论上看,后者更具说服力。货币发行权归属政府是政府调控货币经济进而维护社会稳定的重要保障。白银流通意味着政府部分地丧失了货币发行权,故而有观点表示反对。万历以后社会动荡,政府出现了严重的财政赤字。"银钱两权"说既包含了货币发行权不必归属政府的观点,又不能提出缓解政府财政赤字的办法。因此,"银钱两权"说遂在货币思想讨论中表现出边缘化的特征。

晚明时期货币思想转型的历史影响主要体现在三个方面:第一,货币供给的讨论增加了放任白银流通的议题,对于传统货币思想认识货币制度与商品经济运行的互动关系具有重要的理论意义。第二,货币发行权归属问题的争议一直存在,政府部分地丧失货币发行权之后如何有效地调控货币经济成为传统货币思想的难题。虽然19世纪就有观点提出了铸造银钱的办法,但是在政府白银储备不足的条件下,铸造银钱的提议并不能解决政府部分地丧失货币发行权的问题。第三,由于"银钱两权"说无法应对政府财政赤字,所以传统货币思想提出的铸造铜钱与发行纸钞构成了缓解政府财政赤字的币制改革讨论框架。现实中,这两种办法均难以实现预期目标。

第一章 导 论

第一节 选题缘由与意义

晚明是中国古代经济发展、社会变迁的一个重要时期。关于晚明的时间范围,学术界有不同的界定。谢国桢以晚明指代明末清初,时间跨度自万历以迄清初三藩。张显清指出,成化弘治是明代社会变迁的分水岭,以此划界,晚明包括嘉靖、隆庆、万历及明末。万明认为,晚明始于万历元年(1573 年),终于崇祯十七年(1644 年),旨在考察晚明与世界的联系。根据不同的研究对象,学者们对晚明时间范围的界定进行调整。本书试图通过长时段的视角考察货币思想的转型过程和历史影响,因此将晚明的时间范围界定为成化弘治至明末,即 15 世纪后半叶至 17 世纪前半叶。[1]

与明朝建立初期相比,晚明时期在人口管理、产业发展、对外贸易、流通货币、赋役税收等方面都出现了一系列重大变化。15 世纪以来,户贴、黄册制度和官营手工业日趋衰落。人口流动为农业商品化和民营手工业发展提供了充裕的劳动力,商品经济的繁荣推动商业市镇和商帮迅速崛起。洪武年间实行严苛

---

[1] 参见谢国桢:《增订晚明史籍考》,上海古籍出版社 1981 年版,目录;张显清主编:《明代后期社会转型研究》,中国社会科学出版社 2008 年版,第 3 页;万明主编:《晚明社会变迁问题与研究》,商务印书馆 2005 年版,第 3 页;樊树志:《晚明史:1573—1644》,复旦大学出版社 2003 年版,内容提要。

的海禁制度，到了明朝中后期，海上走私贸易屡禁不止。15世纪末，哥伦布发现新大陆，随后美洲白银通过全球航路源源不断地涌入中国。国内流通货币发生了巨大改变，纸钞被弃用，白银与铜钱并行流通。在人口大规模流动以及白银成为主要流通货币的背景下，基于黄册和鱼鳞图册的赋役制度相应做出调整。"一条鞭法"确立了"计亩征银"的原则，于万历九年（1581年）在全国广泛施行。可以说，晚明时期与明前期社会经济迥异，尤其是晚明的货币制度和赋役制度与唐、宋、元时期相比也有诸多独特之处。晚明时期的变迁又与近代中国经济发展密切相关，故此有学者称晚明时期为"资本主义的萌芽阶段""古代社会向近代转型的启始""现代化因素的出现时期"。[1]

在晚明时期社会经济变迁过程中，流通货币的演变最为关键。学术界普遍认为，晚明时期的变迁既是传统小农经济内生演化的结果，同时受到了地理大发现和全球化贸易的外生冲击影响。[2]晚明时期，连接中国传统小农经济和全球化贸易的纽带正是白银，白银贯通了中国和世界的货币市场、商品市场。货币作为交换媒介，与生产、分配、消费等经济运行环节紧密相关。以白银大量流通为主要表现的晚明时期货币制度变迁是中国货币史上最为复杂的事件之一，而宏大叙事则能够提供一幅多因素共同作用的图景以及一些整体性的认识。在社会经济转型的宏观背景下考察明代白银问题，尤其需要多角度、多层面和多方法的系统性研究。半个多世纪的研究历程，仍然留下了不少疑问需要去探索。

---

[1] 侯外庐认为："从十六世纪中叶到十七世纪初叶，也就是从明嘉靖到万历年间，是中国历史上资本主义萌芽最显著的阶段。"参见侯外庐：《中国思想通史》第五卷《中国早期启蒙思想史》，人民出版社1956年版，第3页。张显清认为，在成化、弘治、正德年间，古代中国开始出现新的社会因素，嘉靖以后则比较普遍地成长起来。他还认为，从嘉靖至明末是中国封建社会高度成熟并开始起步向近代社会转型的时期。参见张显清主编：《明代后期社会转型研究》，中国社会科学出版社2008年版，第3页。吴承明认为，16、17世纪中国经济的变动属于新的、不可逆的变化堪作现代化因素，主要包括大商人资本的兴起、工场手工业的出现、财政的货币化、租佃制的演变、雇工制的演变、白银内流等。参见吴承明：《现代化与中国十六、十七世纪的现代化因素》，《中国经济史研究》1998年第4期。

[2] 讨论明清之际社会经济变迁的代表性著作有：许涤新、吴承明《中国资本主义发展史》，人民出版社1985年版；傅衣凌：《明清社会经济变迁论》，人民出版社1989年版；[美]王国斌：《转变的中国：历史变迁与欧洲经验的局限》，江苏人民出版社1998年版；[美]彭慕兰：《大分流——欧洲、中国及现代世界经济的发展》，江苏人民出版社2004年版；赵轶峰：《明代的变迁》，上海三联书店2008年版；樊树志：《晚明大变局》，中华书局2015年版；[美]王国斌、罗森塔尔：《大分流之外——中国和欧洲经济变迁的政治》，江苏人民出版社2018年版。

第一,晚明时期货币思想转型是如何展开的? 提出了哪些新观点? 货币思想是研究晚明时期白银问题相对薄弱的内容,但又是必不可少的重要视角。货币思想反映了时人对流通货币的主观思考,是现实中选择使用流通货币的依据,其赖以存在的基础是社会不同阶层对自身利益的考量。诚如路德维希·冯·米塞斯的观点:"选择什么东西作为交换媒介、作为货币,这个选择不是无关紧要的。"[1]现有晚明时期货币思想的研究较多涉及反对白银流通的观点,赞同白银流通的思想研究以及整体性的思想转型研究暂付阙如。[2]梳理赞同白银流通的思想观点并揭示其理论内涵,有助于对晚明时期货币思想转型做出客观评价。因此,考察晚明时期货币思想的新观点和转型路径是完整认识明代白银问题的应有之义。

第二,分析晚明时期货币思想转型与货币制度变迁的理论框架仍有较大争议。货币及其制度变迁的理论一直是经济学研究的难点。古典经济学、新古典经济学、马克思主义经济学、凯恩斯主义经济学、奥地利学派经济学等理论均对货币问题有所论述。然而,货币的本质是什么、货币的功能是什么、货币是如何演变的等问题,经济学理论研究尚无定论。近年来,历史学家、社会学家以及其他思想家也参与到货币问题的讨论中来。[3]各家研究的角度不一、方法不一、评价不一,使得货币思想转型与货币制度变迁的理论框架有待进一步丰富和完善。以中国古代的白银为例,学术界形成了"白银货币化"和"货币白银化"两种概念,并提出了宋元变迁、元明变迁、晚明变迁等观点。[4]理论框架是解释历

---

[1] [奥]路德维希·冯·米塞斯:《人的行为》,上海社会科学院出版社2015年版,第393页。
[2] 参见钟祥财:《对明清之际黄宗羲等人的货币思想之我见》,《上海经济研究》1984年第10期;邹进文:《明末清初启蒙思想家关于用银问题的论述》,《河南师范大学学报(哲学社会科学版)》1997年第6期;赵轶峰:《明代白银货币称量形态对国家—社会关系的含义》,《史学月刊》2014年第7期;何平:《"白银时代"的多维透视与明末的"废银论"》,《中国钱币》2020年第4期;何平:《明代中后期货币"使用处方"的转变——从"重钱轻银""行钞废银"到"三者相权"》,《中国钱币》2020年第5期。
[3] 参见[美]大卫·格雷伯:《债:第一个5000年》,中信出版社2012年版;周洛华:《货币起源》,上海财经大学出版社2019年版。
[4] 参见万明:《明代白银货币化与制度变迁》,《暨南史学》第二辑,暨南大学出版社2003年版,第276—309页;陈昆:《宝钞崩坏、白银需求与海外白银流入——对明代白银货币化的考察》,《南京审计学院学报》2011年第2期;王文成:《宋代白银货币化研究》,云南大学出版社2011年版;黄阿明:《明代货币白银化与国家制度变革研究》,广陵书社2016年版;邱永志:《元明变迁视角下明代货币白银化的体制促因》,《中国钱币》2018年第1期。

史复杂现象的前提,是以史为鉴、古为今用的依据。反思和完善货币思想转型与货币制度变迁的理论分析框架,需要灵活、综合地使用经济学各派及其他学科的理论和方法。

第三,货币制度变迁导致社会不同阶层之间利益关系调整的逻辑线索仍然模糊。制度的本质是协调利益关系的规则,利益关系的变化是推动制度变迁的根本动力。货币制度和户籍、商贸、赋役等制度协调运行是维护社会不同阶层之间利益关系的必要条件。货币制度变迁打破了旧有的社会利益关系,国家制度变革应对货币制度变迁的冲击,进而实现兼顾社会不同阶层利益的新国家制度。可以说,探讨货币制度变迁导致社会不同阶层之间利益关系调整的逻辑线索,是将货币制度变迁与国家制度变革互动的研究推向深入。现有研究较少关注利益关系调整的逻辑线索,在一定程度上使得货币制度变迁研究与国家制度变革研究相互隔离而难以整合。变革免不了不同意见的争论,而思想争论的焦点往往就是利益关系调整的关键。从货币思想转型的角度考察交换媒介的改变如何重建新的社会利益关系协调状态,是厘清这一逻辑线索的有益尝试。

总的来说,相比于货币制度变迁,晚明时期货币思想转型的研究一直没有得到充分的重视。货币思想之争的实质是社会不同阶层之间基于利益关系的认知不同,货币思想转型的特征往往折射出货币制度变迁的实现机制。深入思考晚明时期货币思想转型的阶段特征和理论内涵,对于理解明代货币制度变迁与国家制度变革的内在关联有着重要意义。此外,货币问题的讨论贯穿古今,思考货币制度与经济发展的互动也是一个当代命题。经济增长、充分就业、物价稳定是政府宏观调控的重要目标。在主权货币流通的背景下,政府既需要通过货币政策刺激经济增长、提高就业率,也需要充分考虑物价波动和通胀预期对货币政策传导机制的影响。晚明时期货币思想转型与货币制度变迁的理论逻辑可以为政府管理货币经济、提升货币政策绩效提供历史参考。在商品经济运行过程中,市场可能出现"钱荒"。"钱荒"在很大程度上不是信贷紧缩或经济衰退的预兆,而是经济运行的不确定性导致的货币政策传导机制阻塞和各种要素价格扭曲。晚明时期货币思想转型与货币制度变迁的历史经验可以为政府探寻市场"钱荒"成因、繁荣实体经济提供现实镜鉴。

第二节 学术史回顾

一、中国古代货币思想史和晚明时期货币思想的研究

(一)中国古代货币思想史的研究评述

古代货币思想史的研究范式大体可以分为两类:一类按人物论述;另一类按专题论述。按人物论述的研究范式在收集和整理史料方面有较大的贡献。通史性著作梳理了各个朝代重要人物的思想观点。例如,萧清著的《中国古代货币思想史》、叶世昌等著的《中国货币理论史》、张家骧主编的《中国货币思想史》、姚遂著的《中国金融思想史》等。古代经济思想的通史性著作中,也有关于货币思想的专门论述。例如,胡寄窗著的《中国经济思想史》、赵靖主编的《中国经济思想通史》、叶世昌著的《古代中国经济思想史》、马涛主编的《新编经济思想史》第一卷等。此外,探讨人物货币思想的论文对于辨析人物整体的经济观点也具有一定的启发。

关于古代货币思想的专题研究,学术界已经积累了许多成果。首先,中国古代货币思想在发展过程中形成了独特的概念,如"子母""轻重""虚实""称提"等。这些概念的源流和理论内涵是学者考察的重点。[1] 其次,调控货币供应量和物价水平是"子母""轻重"等理论的现实应用。理论的应用条件、货币发行和管理的制度设计关乎政策绩效,是学者研究的又一重点。[2] 再次,基于古代货币思想独特概念的阐释和应用,学者们试图归纳和评价古代认识货币、分析货币问题的学术体系。这一学术体系包括货币起源假说、理论分析框架、政策

---

[1] 参见叶世昌:《论〈管子·轻重〉》,《经济研究》1965年第1期;肖清:《我国古代的货币虚实论和纸币称提理论》,《金融研究》1985年第11期;杨柳、李琳:《子母相权论对中国古代货币理论的探索和推动》,《经济问题探索》2013年第9期。

[2] 参见叶世昌:《中国古代货币管理的指导思想》,《社会科学研究》1988年第2期;叶坦:《宋代纸币理论考察》,《中国经济史研究》1990年第4期;邹进文、黄爱兰:《中国古代的货币政策思想:"称提"述论》,《华中师范大学学报(人文社会科学版)》2010年第5期。

调控指导、货币和财富的关系、思想所凭借的文化资源和社会理论等。[1]另外,有学者从货币价值论、货币拜物教的角度比较了中西方货币思想的异同,进而揭示古代货币思想的特点及其形成原因。[2]总的来说,古代货币思想史的研究成果仍然集中于思想的描述和概括,对于思想发展线索和不同观点比较的研究则较为薄弱。

从研究方法来看,古典经济学的货币数量论和货币价值论是常用的分析工具。边际革命以后,凯恩斯学派和奥地利学派针对货币非中性和通货膨胀展开了激烈的讨论,拓展了古典货币理论的研究领域。运用现代的货币理论和经济学理论研究古代货币思想,部分学者做出了先行探索。一种方式是综合古典经济学对生产要素的研究和凯恩斯学派对社会需求的研究,重新梳理古代经济思想的演化和传承。陈勇勤将经济思想划分为劳动、人口、管理、需求、生产、分配、交换、消费等概念系统,交换概念系统包括货币思想以及逐渐形成的金融思想。[3]另一种方式是在货币经济的语境下,探讨货币思想、货币制度与经济运行过程的互动。在货币经济中,货币既是交换媒介,又是生产要素,还是财富载体。货币经济的语境实则为研究古代货币思想提供了一个更全面的思路。[4]

总的来看,梳理古代货币思想的人物观点和概念内涵是考察晚明时期货币思想转型的重要前提。晚明时期的货币思想和晚明以前的货币思想既有联系,又有区别。晚明时期的货币思想沿用了晚明以前形成的概念术语,提出了新的观点。但是,这些概念术语的内涵在晚明前后存在一定的差异。本书考察晚明时期货币思想转型的阶段特征和理论内涵,需要系统梳理晚明时期提出的新观点,以及相关概念术语在晚明前后的内涵差异。

---

[1] 参见张守军:《从〈单穆公谏铸大钱〉看单旗的货币思想》,《金融研究》1983年第6期;欧阳卫民:《中国古代货币理论的主要成就》,《金融研究》1992年第6期;林满红:《银线:19世纪的世界与中国》,江苏人民出版社2011年版;刘玉峰:《中国古代货币理论和铸币政策评议》,《山西大学学报(哲学社会科学版)》2008年第4期;马涛、宋丹:《论中国古代货币范畴的特点》,《财经研究》2009年第11期。

[2] 参见万安培:《略论中国古代货币思想的特点》,《中南财经大学学报》1989年第3期;唐任伍:《中外经济思想比较研究》,陕西人民出版社1996年版,第196—216页;马涛、宋丹:《论中国古代货币价值论的特点》,《贵州财经学院学报》2009年第4期。

[3] 参见陈勇勤:《中国经济思想史》,河南人民出版社2008年版,第22页。

[4] 参见裴铁军:《金代货币经济研究》,吉林大学博士学位论文,2016年;王海龙:《晚清财政困局下的货币思想研究》,西北大学博士学位论文,2017年。

（二）晚明时期货币思想的研究评述

晚明是古代货币制度变迁的重要时期，晚明时期货币思想的讨论围绕着铜钱、纸钞、白银三者展开。人物货币思想的分析大体有三种方式。第一种方式是遵循古典货币价值论的传统，将晚明时期货币思想分为货币金属论和货币名目论两类。学者将赞同用银和赞同铸钱的思想主张归入货币金属论，将赞同印钞的思想主张归入货币名目论。[1] 第二种方式是借鉴新古典经济学自由放任传统和凯恩斯主义政府干预传统，将晚明时期货币思想分为自由经济论和国家统制论两类。国家统制论主张由政府完善钱法与钞法，同时禁止白银流通；自由经济论认为民间难以购得白银，故也主张禁止白银流通。[2] 第三种方式是运用本位制的理念，区分主币和辅币。[3] 此外，还有学者探讨了晚明时期货币制度设计的不同观点演变特征。[4] 铜钱、纸钞、白银之间存在三种两两关系，两分法的研究范式均有不足之处。货币金属论和货币名目论的划分方法模糊了铜钱与白银的性质差异，国家统制论和自由经济论的划分方法不易解释白银与纸钞的存废更替关系。因此，考察晚明时期货币思想需要优化两分法的分析方式，立足于铜钱、纸钞、白银三者之间的两两互动关系，才能进一步揭示这一时期货币思想的变化。

"反银论"是晚明时期货币思想研究的主要内容。中国使用白银的历史可以追溯到先秦时期，但直到晚明时期才出现大量的"反银论"。叶世昌认为，明中叶以后，有些主张重钱轻银的人提出了用银有害的理论，这种倾向一直延续到鸦片战争时期。[5] 萧清认为，贵金属白银从明中叶发展为流通界普遍通用的主要货币，但自始就遭受维护旧传统的官僚、士大夫们"重钱轻银"意识的顽

---

[1] 萧清著的《中国古代货币思想史》、叶世昌等著的《中国货币理论史》、胡寄窗著的《中国经济思想史》、姚遂著的《中国金融思想史》等均采用了这种分析方式。

[2] 参见郑永昌：《明末清初的银贵钱贱现象与相关政治经济思想》，（台北）台湾师范大学历史研究所1994年版，第118—155页。

[3] 参见何平：《白银走上主导货币舞台的步伐与明中期的"邱濬方案"》，《中国钱币》2000年第3期。

[4] 参见王昉、徐永辰：《从"银为上币"到"银钱两权"——晚明白银流通思想的形成与演变》，《复旦学报（社会科学版）》2018年第5期；何平：《明代中后期货币"使用处方"的转变——从"重钱轻银""行钞废银"到"三者相权"》，《中国钱币》2020年第5期。

[5] 叶世昌、李金宝等：《中国货币理论史》，厦门大学出版社2003年版，第115页。

强抵制。[1]关于"反银论"的形成原因,学者们概括了三点:第一,晚明时期新兴的市民阶级同情民间疾苦,揭露了白银流通导致的社会矛盾;第二,地主阶级为了维护封建制度和自然经济秩序,必须禁止白银流通;第三,白银生产不能与交易商品量增加保持同步,导致国家财政的困难,从而提出了对白银流通的否定意见。[2]社会动乱和财政危机有着极其复杂的成因,寄希望于禁止白银流通就可以恢复社会稳定的"反银论"缺乏理论依据。

关于"反银论"的评价,多数学者认为这是一种保守的、复古的货币思想。[3]有观点指出,"反银论"是货币思想中存在的反历史潮流倾向,虽然有其特定的历史和社会背景,是对中国当时封建经济现实的反映,然而自此以后,从世界范围看,中国的货币思想和经济思想皆显著地落后于西方了。[4]白银的积累是商业资本积累的形式之一,白银地位的提高是明代工商业发展和市场规模扩大的结果。从这个意义上讲,"反银论"的提出并不符合晚明时期经济发展的要求。就银钱并行与弃用纸钞的货币制度变迁结果而言,"反银论"的目标也没有实现。但是,货币供应量的波动确实会对社会生产和民众生活造成严重影响,"反银论"在一定程度上反映了当时的社会面貌。黑田明伸认为,"反银论"在供给地域流动性、防止流通货币过度依赖白银方面具有合理性。[5]隆庆万历时期,政府也曾尝试扩铸铜钱,以应对国内白银存量不足的局面。[6]不可否认,任何一项制度均有利有弊。制度的运行环境又时常发生变化,制度的评价会随着运行环境的改变而改变。因此,不能简单地肯定或否定"反银论"。关于"反银论"的探讨,需结合晚明时期货币经济运行的现实,同时也要对比晚明时

---

[1] 萧清:《中国古代货币思想史》,人民出版社1987年版,第252页。
[2] 参见叶世昌:《明中叶至鸦片战争时期一些思想家反对用银的倾向》,《江淮论坛》1983年第2期;何平:《世界货币视野中明代白银货币地位的确立及其意义》,《中国经济史研究》2016年第6期;马涛主编:《新编经济思想史》第一卷,经济科学出版社2016年版,第424页。
[3] 参见叶世昌:《明中叶至鸦片战争时期一些思想家反对用银的倾向》,《江淮论坛》1983年第2期;钟祥财:《对明清之际黄宗羲等人的货币思想之我见》,《上海经济研究》1984年第10期;邹进文:《明末清初启蒙思想家关于用银问题的论述》,《河南师范大学学报(哲学社会科学版)》1997年第6期。
[4] 参见萧清:《中国古代货币思想史》,人民出版社1987年版,第253页。
[5] 参见[日]黑田明伸:《货币制度的世界史》,中国人民大学出版社2007年版,第107页。
[6] 参见邱永志:《明代隆万时期的货币扩张与地方反应》,《厦门大学学报(哲学社会科学版)》2019年第2期。

期赞同白银流通的思想观点。

值得一提的是,有观点将明代的货币流通思想分为三类,分别是纸币流通思想、铸币流通思想和白银流通思想。这一分类方法提出了一个探讨明代货币思想整体特征和结构特征的框架。明代的货币流通经历了一个从铜钱到纸钞,再到银、钱、钞并行,最后到银两制占主导地位的演化过程。因此,明代的货币流通思想主要围绕纸币、铸币和白银的流通问题展开。就白银流通思想而言,思想界只有邱濬等少数人主张承认事实、银钱兼用、开矿取利。而黄宗羲、顾炎武、王夫之等大多数人不赞成用银,或主张限制白银的流通范围,或极力反对开矿采银。[1] 笔者认为,纸币流通思想、铸币流通思想和白银流通思想的分类方法不足以体现三种货币流通思想之间的内在关联。但是,这一分类方法对于厘清明代货币思想的结构特征有所启发。具体而言,不同流通思想的内部都存在反对观点和赞同观点。明代的货币流通思想可细分为六种观点,即反对铸币流通、赞同铸币流通、反对纸币流通、赞同纸币流通、反对白银流通、赞同白银流通。探讨这六种观点的互动关系能够更清晰地揭示晚明时期货币思想转型的理论内涵。

总的来看,本书以晚明时期货币思想转型作为研究对象,一方面,需要借鉴纸币流通思想、铸币流通思想和白银流通思想的分类方法,进一步梳理不同流通思想中的反对观点和赞同观点;另一方面,需要深入探讨六种细分观点之间的互动关系,尤其是详细比较反对白银流通的观点和赞同白银流通的观点。

二、制度史视域下的白银问题研究动态

(一)白银货币化与货币白银化

有关白银的制度史研究形成了一对概念,即白银货币化与货币白银化。由于货币制度变迁是一个长时段的复杂过程,因此不同时期不同区域观察到的货币流通现象往往不一致。这使得学术界难以对白银货币化与货币白银化做出明确的界定。学者根据不同的议题选择不同的概念,并做出自己的解释。

白银货币化的概念有多种阐述。一种观点是从马克思主义的角度提出,白银

---

[1] 参见姚遂:《中国金融史》,高等教育出版社2007年版,第221—226页。

从贵重商品转化为货币的过程就是货币化，至于什么时候转化为货币，则是由当时社会的经济条件和市场决定的。[1]另有观点是从制度变迁的角度提出，白银货币化是指白银从非法货币到整个社会流通领域的合法主币，并成为国家财政统一计量单位和征收形态的过程。[2]白银货币化的时期存在争议，有观点主张宋代出现了白银货币化的过程，也有观点主张明代出现了白银货币化的过程。

另有学者使用货币白银化这个概念。赵轶峰提出，货币白银化指的是白银在货币体制中成为合法的主要货币。[3]持此类观点的学者认为，明代以前白银就已被当作货币使用，白银货币化不能阐释明代货币制度变迁的内涵。明初政府禁止使用白银，尔后允许白银流通，这是白银从非法货币到合法货币的演变。因此，使用明代货币白银化的概念更合适。黄阿明则提出，最迟自唐代中期以来，金银已经从商品转变为货币。因此，明代白银的问题应该是如何被确立为合法主导货币。[4]

此外，马良还提出了白银货币泛化的概念。白银货币泛化是指在16—19世纪中叶非货币经济转向货币经济的过程中，白银货币广泛深入社会经济各个领域和环节的过程。白银货币泛化的概念更突出了制度变迁的程度考察，主要包括三个方面：白银作为货币使用的程度、白银参与社会经济的程度、白银用于交易与衡量的程度。[5]相较于白银货币化与货币白银化，白银货币泛化的概念侧重制度变迁的动态积累过程。

总的来看，白银货币化与货币白银化的概念分歧体现的是对货币内涵及制度变迁程度的不同解读。王文成运用这对概念研究金朝的货币制度。根据文章的界定，白银货币化是指白银广泛用于购买大宗商品，实现社会角色从商品向货币的转化。货币白银化是指白银在多种并行流通的货币中，从次要货币变成主要货币的过程。[6]从文章的分析来看，白银货币化的货币内涵是指取得价值尺度和流通手段职能的交换媒介。白银用作交换媒介自古有之，在何种程

---

[1] 参见王文成：《宋代白银货币化研究》，云南大学出版社2001年版，序，第1页。
[2] 参见万明：《明代白银货币化的总体视野：一个研究论纲》，《学术研究》2017年第5期。
[3] 参见赵轶峰：《明代的变迁》，上海三联书店2008年版，导言，第14页。
[4] 参见黄阿明：《明代货币白银化与国家制度变革研究》，广陵书社2016年版，第23页。
[5] 参见马良：《明清时期白银货币泛化研究(16—19世纪中叶)》，辽宁大学博士学位论文，2013年。
[6] 参见王文成：《金朝时期的白银货币化与货币白银化》，《思想战线》2016年第6期。

度上能够界定为取得价值尺度和流通手段职能,需要商榷。而货币白银化的货币内涵是指取得合法主导地位的交换媒介,其中也存在界定白银取得合法主导地位的程度问题。可见,同样是货币二字,在不同的概念中有着完全不同的内涵,进而形成不同的研究思路。

笔者认为,理解白银货币化与货币白银化可以进一步从动态的积累过程入手。一方面,白银取得价值尺度和流通手段职能是一个动态的积累过程,而不是静态的时点特征。白银货币化伴随着商品经济的发展和市场规模的扩大,一直在进行。从制度变迁角度提出的白银货币化概念,包含了白银成为国家财政统一计量单位和征收形态的过程。这是对白银取得价值尺度和流通手段职能的程度考量。另一方面,次要货币演变为主要货币本身就是一个动态的积累过程。如果货币白银化意味着白银大规模取得价值尺度和流通手段职能,那么货币白银化的概念已经包含了白银货币化的概念。就明代而言,明初禁止白银流通,明代中后期白银可用于缴纳赋税,货币制度变迁最后形成的是银钱并行的局面。从动态的积累过程出发考察明代白银问题,更能突出白银逐步扩大用作交换媒介的范围、与铜钱共同参与货币经济运行的过程。

(二)明代白银成为主要流通货币的路径

货币制度变迁是一个社会不同个体阶层普遍参与的过程。民众需使用货币购买生活必需品,手工业者需使用货币购买生产资料,政府征收赋税和支付官员俸禄同样需要使用货币。明代白银成为主要流通货币的过程是民众和政府在铜钱、纸钞、白银三者之间进行选择取舍的结果。学术界对明代白银成为主要流通货币的路径研究从货币需求与货币供给两个视角展开。

从货币需求的视角来看,民间商业贸易和国家赋役改革是明代白银成为主要流通货币的推动力量。在民间商业贸易中,运行良好的货币制度有利于提高交换效率。白银成为主要流通货币与商品经济发展、市场规模扩大密切相关。万明认为,在明初至成、弘年间的民间社会中,白银成为主要流通货币呈现一种自下而上的趋势。这种趋势是中国社会经济发展的结果,也是市场萌发的过程。[1] 这类观点进一步指出,白银成为主要流通货币不是政府法令推行的结

---

[1] 参见万明:《明代白银货币化的初步考察》,《中国经济史研究》2003年第2期。

果,而且政府也无法阻挡这一过程。白银成为主要流通货币反映了民间手工商业发展对贵金属货币的需求,繁荣的商业市场驱动着商贾和民众不顾刑罚,使用白银交易。[1]

另外,有学者强调国家赋役改革在白银成为主要流通货币过程中的主导作用。陈春声、刘志伟认为,海外白银的流入适应了明清时期财政赋役征收和官僚系统运作的需要,民间用银随着赋役折银的财政体制改革而逐渐推广。与民间商业贸易驱动不同的是,赋役折银改革驱动认为民间生产和市场交易是为了获得白银缴纳赋税,而非资本的增长。[2]黄阿明阐述了国家赋役改革的主导作用实现形式。白银成为主要流通货币始于赋役货币化,在赋役折银成为事实的情况下,国家解除白银禁令并给予白银合法货币的地位。[3]

民间商业贸易和国家赋役改革的互动是学术界讨论的重点。有学者认为,白银成为主要流通货币的完整路径包括两部分:首先是明初至成、弘年间民间商业贸易自下而上推动的历程;其次是成、弘以后赋役折银改革自上而下全面铺开的历程。民间商业贸易和赋役折银改革的互动表现为农民、农业、农村的分化,农民从纳粮当差到纳银不当差,农民和国家的关系从身份走向契约。[4]针对自下而上尔后自上而下的路径研究,有看法提出,民间商业贸易和国家赋役改革的线性互动值得审视。白银成为主要流通货币的路径研究应该揭示包括国家在内多种能动主体互动下如何塑造了中国市场的面貌。[5]事实上,自下而上的民间商业贸易推动过程和自上而下的赋役折银铺开过程难以严格划分。[6]如果把民众缴纳赋税看作向政府购买公共品,那么赋役折银也可以纳入明代商业发展的考察范围。从这个意义上讲,学者主张揭示多种能动主体的

---

[1] 参见张显清:《明代后期社会转型研究》,中国社会科学出版社2008年版,第170页。
[2] 参见陈春声、刘志伟:《贡赋、市场与物质生活——试论十八世纪美洲白银输入与中国社会变迁之关系》,《清华大学学报(哲学社会科学版)》2010年第5期。
[3] 参见黄阿明:《明代货币与货币流通》,华东师范大学博士学位论文,2008年。
[4] 参见万明:《白银货币化视角下的明代赋役改革》(上、下),《学术月刊》2007年第5、6期。
[5] 参见申斌、刘志伟:《明代财政史研究的里程碑》,《清华大学学报(哲学社会科学版)》2018年第1期。
[6] 邱永志认为,在明初至成、弘年间,自下而上的商业贸易过程与自上而下的赋役折银过程就已经出现了,不存在成、弘时期的明显分界点。参见邱永志:《"白银时代"的落地——明代货币白银化与银钱并行格局的形成》,社会科学文献出版社2018年版,第133—228页。

互动关系是从制度变迁的博弈视角研究白银成为主要流通货币的路径。

从货币供给的视角来看,铜钱纸钞失范失序也是推动白银成为主要流通货币的关键因素。刘光临考察了银进钱出的关联。钱出的原因是明代基层市场交易对铜钱的庞大需求推动私铸钱的盛行,银进的原因是盗铸钱对规范铜钱的排挤以及货币供应的大幅滑落。[1]需要注意的是,这类观点认为货币经济规模的本义是货币存量而非金属货币种类,即仅从货币存量的角度考察铜钱与白银的互动关系。然而,贱金属货币和贵金属货币的差别对货币经济规模也有不可忽视的影响。铸造贱金属货币能够增加货币存量,却不能同贵金属货币那样满足市场范围扩大、提升货币经济规模的要求。仅考虑货币存量不足以解释银进钱出的关联。另外,盗铸钱排挤规范铜钱从而降低货币供应量的看法亦非定论。私钱泛滥的原因可能是民众对其的认可和欢迎。私钱在一定程度上补充了货币供应量,使得政府禁私钱政策遭到抵触。[2]

为补救铜钱纸钞失范失序的货币供给困扰,明朝政府采取了多项措施。邱永志将其概括为先解禁铜钱,再整顿钱钞法、禁止私铸、重开铸局。这些措施导致了私铸泛滥、物价上涨,最终稳定通货白银进入市场。[3]需要注意的是,物价上涨包含两层意思:一是在货币供应量一定的前提下商品供应量下降;二是在商品供应量一定的前提下货币供应量增加。显然,这类观点的分析仅考虑了后者。政府整顿钞法重开铸局,若货币供给不能有效进入社会生产领域甚至还使得商品供应量下降,那么此时的物价上涨和白银进入市场并无必然的因果关系。在商品供应量下降或社会生产秩序紊乱的背景下,即使稳定通货白银进入市场也同样会出现物价上涨。货币经济是一个复杂的过程,货币制度变迁、货币供应量变动对生产、交换、分配、消费均有影响。货币供给视角的分析应当与货币需求视角的分析相结合。

值得一提的是,以白银成为主要流通货币为切入点,考察明代国家制度变革的研究正受到越来越多的关注。关于明代国家制度变革,学术界提出了"变

---

[1] 参见刘光临:《银进钱出与明代货币流通体制》,《河北大学学报(哲学社会科学版)》2011年第2期。

[2] 参见王玉祥:《明代"私钱"述论》,《中国社会经济史研究》2002年第4期。

[3] 参见邱永志:《国家"救市"与货币转型——明中叶国家货币制度领域与民间市场上的白银替代》,《中国经济史研究》2018年第6期。

迁论""帝制农商社会说""商业革命说"等。[1] 这些观点均谈及货币制度变迁，但货币制度变迁在明代国家制度变革中的重要性并未充分揭示。近年来，学者们考察了明代流通货币演变的历史基础、路径特征和区域实际状况等，并梳理了货币制度变迁过程中赋役、商税、俸禄、法律等国家制度变革的线索与标志。[2] 在前人研究的基础上，万明提出了一个明代流通货币演变的研究论纲——以白银货币化为主线，对中国国家和社会、中国和全球两大关系进行研究。[3] 这一论纲综合了传统制度史和全球史观的研究框架，是对近年来明代白银与社会经济变迁研究成果的高度概括。

总的来说，民间商业贸易、国家赋役改革、铜钱纸钞失范失序等都是明代白银成为主要流通货币的动因，但是货币需求视角的分析与货币供给视角的分析仍存在隔阂。民间商业贸易、国家赋役改革、铜钱纸钞失范失序等因素共同影响明代白银成为主要流通货币的机制尚未厘清。以白银成为主要流通货币为切入点，考察明代国家制度变革的研究是对揭示这一机制的有益尝试。如何将货币需求与货币供给两方面的研究有机结合并建构明代白银问题的理论分析框架，是本书研究的重点。

三、发展经济学视域下的白银问题研究动态

制度变迁和思想转型的议题，本质上是一个发展的议题。制度变迁和思想转型的变通是为了更好的发展。制度史视域下的白银问题研究就人口流动、阶级关系、农业商品化、社会观念等方面分别立论分析白银成为主要流通货币的影响。而发展经济学视域下的白银问题研究更侧重于对货币供给和经济增长的比较分析。从发展经济学的角度思考明代白银问题，有助于深入理解产业发展、经济增长的长期动力。

---

[1] 参见傅衣凌：《明清社会经济变迁论》，人民出版社1989年版；赵轶峰：《明代中国历史趋势：帝制农商社会》，《东北师大学报（哲学社会科学版）》2007年第1期；唐文基：《16—18世纪中国商业革命》，社会科学文献出版社2008年版。

[2] 参见邱永志：《明代货币结构的转变及其原因——以白银的货币性质为分析视角》，《南京大学学报（哲学·人文科学·社会科学版）》2013年第5期；黄阿明：《明代货币白银化与国家制度变革研究》，广陵书社2016年版。

[3] 参见万明：《明代白银货币化的总体视野：一个研究论纲》，《学术研究》2017年第5期。

中西方经济增长大分流是人类经济史上的重大事件,货币供给和经济增长的关联是发展经济学讨论的核心问题之一。[1]对中西方而言,美洲白银的流入都属于一项外生冲击。16世纪开始,美洲白银一方面通过三角贸易流入欧洲国家,另一方面通过全球航路流入中国。美洲白银的流入在中西方都引发了商业革命和价格革命,但是此后中西方走上了截然不同的发展道路。有学者试图从产权理论的角度分析美洲白银流入对中西方经济增长的不同影响。美洲白银的流入引发财富在社会各个阶级之间的重新分配,但是欧洲和中国的初始制度条件不同。在欧洲,社会财富迅速向新兴商人阶级集中,新兴商人阶级利益和国家利益趋同催生出一个倾向于保护商人利益的政府。在中国,官僚制度阻碍了新兴商人阶级和国家政权的结合,产权保护长期处于不稳定状态之下。美洲白银的流入没有能够推动中国的产权制度创新,最终导致了中国经济增长的停滞。[2]

另有学者基于货币流动性和多层次市场,分析美洲白银流入对中西方经济增长的不同影响。黑田明伸认为,货币的流动性并非一致,不同流动性的货币服务于不同层次的市场。流动性较好的货币可以跨地域使用,而流动性较差的货币则只能在一定地域内使用。对于西欧而言,通过转运出口赚取的农业利润是地区投资基金的主要组成部分,跨地域流通的白银完成了地区工业化必需的资金积累。中国的情况与西欧恰好相反,中国小农习惯于在本地市场交易,并使用流动性较差的铜钱弥补跨地域使用的白银之不足。于是,本地市场便无法通过地区间贸易为本地工业化积累足够的资金,中国也就未能萌生工业化的趋势。据此,黑田明伸指出:"以国民经济作为培育器的发达资本主义经济,与其

---

[1] 中西方经济增长大分流的时点主要有两种观点:一种观点认为,大分流发生在1500—1900年,特别是1800年之后,代表人物是彭慕兰、贡德·弗兰克等;另一种观点则认为,大分流发生在1000—1500年,代表人物是王国斌等。参见[美]彭慕兰:《大分流——欧洲、中国及现代世界经济的发展》,江苏人民出版社2004年版;[德]贡德·弗兰克:《白银资本——重视经济全球化中的东方》,中央编译出版社2008年版;[美]王国斌、罗森塔尔:《大分流之外——中国和欧洲经济变迁的政治》,江苏人民出版社2018年版。

[2] 参见张宇燕、高程:《海外白银、初始制度条件与东方世界的停滞——关于晚明中国何以"错过"经济起飞历史机遇的猜想》,《经济学季刊》2005年第1期;[美]道格拉斯·诺思、罗伯斯·托马斯:《西方世界的兴起》,华夏出版社2014年版;张宇燕、高程:《美洲金银和西方世界的兴起》,中信出版社2016年版。

说是从各个社会成员自由度极高的市场参与中产生的,不如说是以某种制度的制约为触媒而发展起来的。"[1]

还有学者试图以资本积累和要素结构为切入点,分析美洲白银流入对中西方经济增长的不同影响。美洲白银的流入加快了货币资本的积累速度,但是西欧地区和中国江南地区可用白银购得的要素存在较大差异。有学者指出,西欧地区能够获得更充裕的矿物能源,同时美洲新大陆有效地解除了土地和人口对西欧地区经济发展的制约。在中国江南地区,早期工业部门使用的动力大多是人力而非煤炭,使用铁、铜、锡、铅等有色金属的数量远低于西欧地区。最终,西欧地区采取进口替代和出口拉动战略,在美洲白银输出和全球化贸易的背景下,走上了重工业发展道路。中国江南地区则走上了一条节省能源和材料的轻工业发展道路。[2]

发展是一个极其复杂的系统性议题。流动性差异、资本积累、要素结构、产权保护、技术进步等都能影响发展的进程。虽然新古典理论中的货币是中性的,但是现实中的货币是非中性的。贵金属白银作为货币能够影响要素市场和产品市场的规模,作为资本能够影响资源配置和投入产出的效率。美洲白银流入不能说是中西方经济增长大分流的决定性因素,但它一定是重要因素之一。需要注意的是,美洲白银供给和矿物能源开采都具有不可预测性,学者的讨论只是根据中西方大分流的不同结果倒推美洲白银流入和经济长期增长的关联。诚如吴承明所说:"一个时代的经济运行、社会结构确实会形成某种模式,但那是研究的结果,不能说历史是按某种模式安排的。"[3]时人面对美洲白银流入,是在不确定性的条件下做出经济决策。发展经济学视域下的白银问题研究,更需要关注白银流入量的改变如何影响资本积累的决策、生产消费的决策、财富积累的决策等。

此外,学术界还提出了"17世纪普遍危机"说。学者针对危机的性质、产生

---

[1] [日]黑田明伸:《货币制度的世界史》,中国人民大学出版社2007年版,第164页。
[2] 参见李伯重:《江南的早期工业化(1550—1850)》,社会科学文献出版社2000年版;[美]彭慕兰:《大分流——欧洲、中国及现代世界经济的发展》,江苏人民出版社2004年版;彭南生、严鹏:《技术演化与中西"大分流"——重工业角度的重新审视》,《中国经济史研究》2012年第3期。
[3] 吴承明:《经济史:历史观与方法论》,《中国经济史研究》2001年第3期。

原因、持续时间展开了广泛的讨论。[1]就中国而言,有学者认为明末清初白银流入量减少造成了通货紧缩、物价下跌,致使经济衰退、社会动荡。[2]也有学者对17世纪中国的货币危机持否定意见。[3]可以说,大航海时代的商业革命和17世纪的普遍危机都可从白银流入量改变的角度寻找解释。在发展经济学的视域下,货币供给波动是经济增长波动的原因之一。比较白银流入量增加和减少对生产、交换、分配、消费的不同影响,有助于理解货币供给和经济增长的内在关联,也可为厘清货币思想转型与货币制度变迁的理论逻辑提供历史参考。

第三节 研究思路与方法

一、研究思路

本书在16世纪外银内流的时代背景下,考察晚明时期货币思想的转型。本书的研究思路主要分为三步:第一步,讨论晚明时期货币思想转型和外银内流的关系。16世纪外银内流对于中国而言,是一项外生冲击。海外白银流入中国的数量远超国内白银存量,外银内流同步推动国内的货币思想转型与货币制度变迁。第二步,梳理晚明时期货币思想转型的逻辑线索。本书综合运用现代

---

[1] 参见孙义飞、王晋新:《多元化、多样化、拓展化与开放性——西方学术界"17世纪普遍危机"论争及其启示》,《安徽史学》2006年第1期。

[2] 参见[英]威廉·阿特威尔、阙岳南:《国际白银流动与中国明朝后期的经济》,《世界经济与政治论坛》1983年第1期;[日]岸本美绪:《清代中国的物价与经济波动》,社会科学文献出版社2010年版,第199—262页;[美]马立博:《虎、米、丝、泥——帝制晚期华南的环境与经济》,江苏人民出版社2012年版,第130—158页;[英]阿谢德:《17世纪中国的普遍性危机》,国家清史编纂委员会编译组:《清史译丛》第十一辑,商务印书馆2013年版,第37—52页;[美]魏斐德:《中国与17世纪危机》,国家清史编纂委员会编译组:《清史译丛》第十一辑,商务印书馆2013年版,第53—77页;[美]艾维四:《1530—1650年前后国际白银流通与中国经济》,国家清史编纂委员会编译组:《清史译丛》第十一辑,商务印书馆2013年版,第78—104页。

[3] 参见倪来恩、夏维中:《外国白银与明帝国的崩溃——关于明末外国白银的输入及其作用的重新检讨》,《中国社会经济史研究》1990年第3期;吴承明:《中国的现代化:市场与社会》,生活·读书·新知三联书店2001年版,第236—237页;[美]万志英:《中国17世纪货币危机的神话与现实》,国家清史编纂委员会编译组:《清史译丛》第十一辑,商务印书馆2013年版,第125—154页;[美]金世杰:《17世纪的东方与西方:斯图亚特英国、奥斯曼土耳其和明代中国的政治危机》,国家清史编纂委员会编译组:《清史译丛》第十一辑,商务印书馆2013年版,第180—227页。

的货币理论以及新古典经济学、凯恩斯主义经济学、奥地利学派经济学等理论，建构流通性与稳定性的交换媒介二维属性分析框架，梳理晚明时期货币思想转型与货币制度变迁的逻辑线索。第三步，基于理论层面的逻辑线索，考察晚明时期货币思想转型的具体过程。货币制度变迁牵引着货币思想转型，从中可以考察思想转型的阶段划分、阶段特征和理论内涵等。思想争论的焦点往往就是利益关系调整的关键，从中可以考察思想转型的阻力和历史影响等。

本书以16世纪外银内流为分界点，将晚明时期货币思想转型划分为两个阶段。划分的依据主要包括两个方面：其一，外银内流改变了国内白银的交换媒介属性，从而使得货币制度的设计在外银内流前后有明显的差异。外银内流之前，国内缺乏兼具流通性与稳定性的交换媒介。外银内流突破了国内白银流通性较差的瓶颈，白银成为兼具流通性与稳定性的交换媒介。国内白银的交换媒介属性发生改变，货币制度的设计也随之调整。其二，白银用作主要流通货币存在制度隐患，外银内流之后货币思想探讨出现了较大的争议。当流通白银短缺时，市场交易的进行和商品经济的发展会受到较大的阻碍。银钱并行意味着政府部分地丧失了货币发行权。一旦政府的白银储备耗尽，政府便难以缓解财政赤字并维护社会稳定。在外银内流之后货币思想的探讨中，有观点提出了废银主张。

总的来说，本书的研究思路呈现"点—线—面"的特点：以外银内流为切入点，进而梳理晚明时期货币思想转型的逻辑线索，最后考察晚明时期货币思想转型的具体过程。本书的章节安排如下：

第一章为导论。

第二章建构流通性与稳定性的交换媒介二维属性分析框架。系统地梳理货币的相关理论是提炼这一分析框架的基础。本章梳理了货币起源的三种假说、货币理论的发展特征和货币制度变迁的目标导向，指出流通性与稳定性是货币作为交换媒介的必备属性。本章还探讨了这一分析框架在货币思想转型研究上的应用。

第三章探讨晚明时期货币思想转型第一阶段的特征。明中期以前铜钱与纸钞的货币供给"循环困局"反映了晚明时期货币思想转型第一阶段的背景。思想转型第一阶段提出了"银为上币"说，时人阐释了白银流通的合理性，并在此基础上设计复合型白银流通制度。

第四章探讨晚明时期货币思想转型第二阶段的特征。海外白银大量涌入中国使得白银成为兼具流通性与稳定性的交换媒介,为晚明时期货币思想转型第二阶段提供了重要契机。思想转型第二阶段提出了"银钱两权"说,体现出减少政府干预的特点。基于转型第一阶段和第二阶段的比较,本章阐释了晚明时期货币思想转型的理论内涵。

第五章探讨晚明时期货币思想转型的阻力及其应对。晚明时期货币思想转型的阻力主要体现在明末"银荒"问题和货币发行权归属问题的争议上。"银荒"问题是一个宏观议题。基于生产、交换、分配、消费的全过程分析其成因及解决办法,更具说服力。通过考察货币发行权归属问题的争议,本章揭示了晚明时期货币制度变迁导致社会不同阶层之间利益关系调整的逻辑线索。

第六章探讨晚明时期货币思想转型的历史影响。晚明时期货币思想转型和传统货币思想在货币供给的讨论上存在争议。明清时期银钱并行,货币供给的探讨便延续下来。本章通过梳理货币供给探讨延续的特征,进而总结晚明时期货币思想转型的历史影响。

第七章为结论与启示。

图 1.1 为本书的技术路线图。

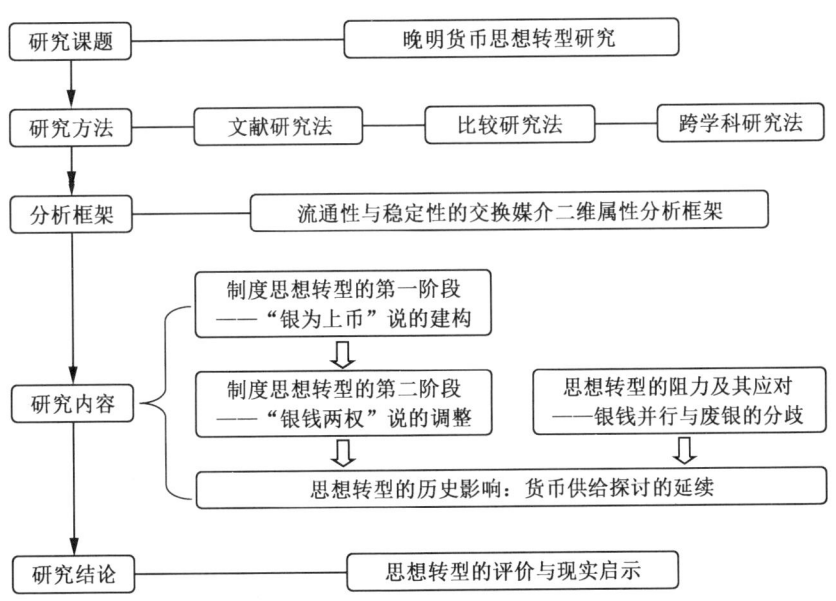

图 1.1　本书的技术路线图

二、研究方法

本书使用的研究方法主要有文献研究法、比较研究法和跨学科研究法等。

文献研究法是经济史学的基本方法。傅斯年曾提出,史学就是史料学,一分材料出一分货,十分材料出十分货。傅斯年并不是将史学简单地等同于史料学,而是强调收集和整理史料是史学研究的前提。史学的分析必须建立在翔实的史料基础之上,否则史学的分析将失去存在的依据。本书广泛查阅了晚明时期讨论货币问题的文献资料,同时整理了古代货币思想史的重要文献资料。在此基础上,本书进行了晚明时期货币思想转型的历史分析和逻辑分析。

比较研究法是经济史学的常用方法。借助比较的方法,更易于辨析异同、分类研究。本书使用的比较研究法主要包括古今比较和中西比较两个方面。晚明时期货币思想转型是古代货币思想史发展演变的承前启后环节。一方面,晚明时期货币思想的讨论仍受到明代以前货币问题分析范式的路径依赖影响;另一方面,晚明时期转型提出的新观点又在近代以前的货币思想讨论中延续。古今比较能够揭示晚明时期货币思想转型在古代货币思想史中的独特地位。美洲白银的流入同时影响了东西方社会。比较晚明时期货币思想转型以及相近时期西方货币思想的观点异同,有助于深入理解晚明时期货币思想转型的阶段特征和理论内涵。

跨学科研究法是经济史学的必要方法。社会是一个有机整体。货币思想转型不仅是经济史学的议题,更涉及社会史、政治史、文化史等多个领域。晚明时期货币思想转型与货币制度变迁反映了民众和政府之间的利益关系调整。因此,社会结构、官僚制度和儒家文化等都会影响晚明时期货币思想转型的具体过程。本书考察晚明时期货币思想转型的历史背景、阶段特征、观点争议和历史影响等,需借鉴社会史、政治史、文化史等领域的理论和研究范式。跨学科研究法能够为晚明时期货币思想转型提供一幅较为完整的图景。

除了以上三种研究方法外,本书在方法论上还需注意以下几点:

第一,从理性经济人假设出发分析货币思想的用意。在现代经济理论中,理性经济人假设是分析经济问题的出发点。斯密对理性经济人的特征有过形象的描述:"每个人生来首先和主要关心自己""每个人更加深切地关心同自己直接相关的而不是对其他任何人有关的事情"。[1]根据斯密的观点,理性经济人思考和行为的出发点都是追求自身利益。[2]货币是一种交换媒介,使用货币的目的是交换商品满足自身欲求。从理性经济人假设出发,货币思想的现实意义不是刻画概念,而是通过适当的货币交换以获取商品。使用不同的货币来交换获取商品对应着不同特征的货币思想。由此可见,货币思想的不同主张代表社会不同阶层的利益,货币思想转型与货币制度变迁反映了商品交换过程中交换双方的利益关系调整。比较不同货币思想的用意,能够更直观地反映出思想的差异和思想争论的焦点。

第二,从不确定性和博弈论出发分析货币思想转型的实现机制。不确定性是指无法预先知晓事件发展的确切结果。奈特认为,人类世界是一个变化的世界、一个充满不确定性的世界,随时可能出现无法预知的内外部变化。人类仅仅凭借类比过去经验获得对未来的有限知识,根据已经出现的事情预知还没有出现的事情,自然不会准确地知道事件发展的结果。[3]不确定性是一种客观存在,不确定性条件下的思考和行动本质上都是博弈过程。美洲白银流入的外生冲击发生后,国内社会不同阶层展开利益关系调整的博弈。在货币思想的层面,白银流通的赞同者有之,反对者亦有之。弃用纸钞的赞同者有之,反对者亦有之,不同的观点主张反映出货币思想的转型既有动力也有阻力。需要指出的是,利益关系调整的思想转型与制度变迁难以区分诱致性过程与强制性过程,诱致性变迁与强制性变迁都是利益关系调整博弈的应对策略。从不确定性条件下社会不同阶层利益关系调整博弈出发,考察晚明时期货币思想转型的阻力及其应对,能够更为准确地把握货币思想体系演化的结构特征。

第三,从生产、交换、分配、消费的经济运行一般过程出发分析货币思想转型的理论内涵。自萨伊将古典经济学研究对象归纳为生产、分配、消费的三分法后,詹姆斯·穆勒又将其扩充为生产、交换、分配、消费的四分法。在现代经

---

[1] [英]亚当·斯密:《道德情操论》,商务印书馆1997年版,第101—102页。

[2] 针对理性经济人假设,学术界一直存在一种观点,即认为人类行为具有利他性。其实,自利性与利他性并不矛盾,利他行为只是追求自身利益的一种手段。例如,合作是利他性的表现,合作的目的是自利。倘若合作无法实现自利,那么合作也不可能出现。在利他性的假设下,资源稀缺性问题将不复存在,经济学分析也将毫无意义。因此,理性经济人假设是经济学理论的基石。

[3] [美]富兰克·H. 奈特:《风险、不确定性和利润》,中国人民大学出版社2005年版,第149页。

济学中,生产、交换、分配、消费构成了经济运行的一般过程。吴承明指出,经济运行的一般过程与人类社会长期共存,对于不同形态的社会而言具有共通性。[1] 更重要的是,生产、交换、分配、消费中的任意一个过程,都不能脱离其余三个过程而单独运行。货币思想转型和货币制度变迁是交换过程的经济事件,但它与生产、分配、消费的过程都有紧密联系。由货币制度变迁引起的社会不同阶层利益关系调整,涉及生产、交换、分配、消费的全过程。研究货币思想转型的理论内涵,不能仅仅着眼于交换,而是应当从生产、交换、分配、消费的全过程出发。因此,运用经济学理论分析晚明时期货币思想转型对生产、交换、分配、消费的系统影响,进而揭示货币思想转型的理论内涵,这对于思考货币本质、总结货币经济运行规律而言具有长远的意义。

总的来说,本书选择不以人的意志为转移的客观现实作为设计研究方法的立足点。人性自利、不确定性和博弈是真实世界的客观现实。生产、交换、分配、消费是不受时间和空间限制的一般性过程。理性经济人在不确定性条件下进行思考和博弈,使得经济运行一般过程发生改变和社会不同阶层利益关系发生调整。晚明时期外银内流后,货币思想的争论和转型反映出理性经济人的利益考量和博弈策略,货币制度变迁和国家制度变革标志着经济运行一般过程改变和社会不同阶层利益关系调整。基于上述研究方法,本书试图使货币思想和货币政策的研究更加贴近现实,从而提高经济学理论分析的可靠性和经济史学研究的实用价值。

第四节　本书的边际贡献

本书的边际贡献主要包括以下四个方面:

第一,建构流通性与稳定性的交换媒介二维属性分析框架。流通性与稳定性是相互独立的两种交换媒介属性。现有研究较多运用划分货币金属主义和货币名目主义的方法。这一方法侧重于稳定性的考量,忽略了流通性的结构分化。从现实来看,不同种类的货币既可以在流通性上具有明显区别,也可以在

---

[1] 吴承明:《论广义政治经济学》,《经济研究》1992年第11期。

稳定性上具有明显区别。分别考察交换媒介的两种基本属性能够更清晰地揭示货币思想转型与货币制度变迁的理论内涵。

第二，厘清明前期货币供给的"循环困局"，并给出适当的分析。商品经济的特点分析与货币供给的特点分析是厘清"循环困局"的基础。以往的研究多数认为铜钱与纸钞之间存在着线性的发展线索，而本书对"循环困局"的分析则表明铜钱与纸钞之间存在着迂回曲折的发展线索。明前期货币思想的主要内容围绕着如何改进货币供给展开，"循环困局"则意味着明前期货币思想无法解决货币供给的难题。

第三，提炼晚明时期货币思想转型的理论内涵。晚明时期货币思想转型的理论内涵具有流通性改善与稳定性优化两个方面，并且承担主体不同。流通性改善指的是国内白银存量大幅增加可以满足市场流通的需要；稳定性优化指的是复合型白银流通制度调整方案剔除稳定性较差的纸钞。研究表明，晚明时期货币思想转型的理论内涵在传统货币思想史上具有独特性。

第四，揭示晚明时期货币制度变迁导致社会不同阶层之间利益关系调整的逻辑线索。货币思想史的研究和货币史的研究不可分割。晚明时期思想争论的焦点是晚明时期货币制度变迁导致民众与政府之间利益关系调整的关键。本书以货币发行权的不同归属为线索，并结合政府的应对策略，将晚明时期货币制度变迁导致民众与政府之间利益关系调整的逻辑线索分为三个阶段。

第二章　货币流通性与稳定性：一个交换媒介属性的分析框架

货币是一种交换媒介。在国民经济运行和宏观经济调控中，货币扮演着至关重要的角色。货币连接着市场交换中的供给端和需求端，同时也是政府维护经济长期平稳发展的政策工具。纵观历史，货币的形态经历了实物货币、金属货币和信用货币的演变，每一种货币形态都有其独特的产生、发展和消亡过程。通过系统地梳理货币起源假说、货币经济运行和货币制度变迁的相关理论，本章建构流通性与稳定性的交换媒介二维属性分析框架，并探讨理论框架的现实意义。

第一节　流通性与稳定性的横向考察：货币起源的不同假说

货币起源是一个充满争议的问题，学术界提出了三种假说：交换起源说、债务起源说和道德起源说。需要说明的是，起源问题涉及考古学方面的研究，货币起源的三种假说不能用对错来加以评判。货币起源的不同假说反映了认识货币本质、探讨货币制度与经济发展互动的不同学术理路。

一、货币起源的三种假说

货币起源的第一种假说是交换起源说。在古典经济学中，交换起源说较为多见。亚当·斯密从分工论述货币的起源。他认为，分工使得一个人的劳动生产物不能满足自身大部分的欲望，因此须用自己的剩余劳动生产物交换别人的剩余劳动生产物来满足。为了避免交换的不便，他需要准备一定数量的某种物品，这种物品的特点是"拿去和任何人的生产物交换，都不会遭到拒绝"[1]。马克思认为，简单的、个别的或偶然的价值形式已经包含了货币的起源状态："简单的商品形式是货币形式的胚胎。"[2]基于商品经济的发展与物物交换的困难，交换起源说揭示了货币产生的客观必然性。

货币起源的第二种假说是债务起源说。债务起源说流行于20世纪大萧条之后。凯恩斯在《货币论》中指出："计算货币是表示债务、物价与一般购买力的货币，这种货币是货币理论中的原始概念。"[3]凯恩斯所说的计算货币是脱离了实物形态的表征，具有抽象性与一般性。大卫·格雷伯指出了亚当·斯密的谬误，他认为物物交换并不曾在熟人间广泛使用。在巴西南比克瓦拉人与澳大利亚冈温古人的案例中，物物交换只发生于陌生人之间，这些人之后也没有出现频繁的贸易往来。因此，斯密主张的物物交换困难不足以导致货币的起源。[4]格雷伯提出，熟人之间的物物交换困难通过借贷和记账来解决，货币的出现是为了计算债务，虚拟的债务计量单位才是货币的原始形式。基于太平洋雅浦岛未开化社会的货币——"费币"，菲力克斯·马汀研究了债务货币运行的技术体系。"费币"是一种又厚又重、很少搬动的石轮，上面记载着岛民交换商品的账单。马汀概括了债务货币记录与清算的技术组成：衡量货币价值的抽象单位、跟踪记录余额的债务体系、转让债权的清算技术。[5]

货币起源的第三种假说是道德起源说。道德起源说主张，货币诞生于道德形成之后，维护社会公平是建立货币制度的根本原因。有学者提出，货币最早可能是狩猎部落内部各个家庭之间调剂余缺的抵押物，后来逐渐演变成一种有质押的借条。从道德的角度来看，社会公平有赖于能够互相结算的数量体系，

---

[1] [英]亚当·斯密：《国民财富的性质和原因的研究》，商务印书馆1983年版，第20—21页。
[2] [德]马克思：《资本论》第一卷，人民出版社2008年版，第87页。
[3] [英]凯恩斯：《货币论》，商务印书馆1997年版，第1页。
[4] [美]大卫·格雷伯：《债：第一个5000年》，中信出版社2012年版，第29—32页。
[5] [英]菲力克斯·马汀：《货币野史》，中信出版社2014年版，第25页。

货币就是落实公平原则的量化工具。[1]道德起源说并不排斥交换起源说和债务起源说,有效率的商品交换和债务清算都离不开公平的社会环境。道德起源说的理论价值在于,它提供了一个思考货币流通与货币制度变迁的新视角。公平原则关乎商品交换与债务清算的伦理规范,货币流通与货币制度变迁必须遵循公平原则。

二、三种货币起源假说的比较

起源问题没有对错之分,考察货币起源的重点在于学者分析的视角。交换起源说、债务起源说和道德起源说代表了三种思考货币问题的切入点。比较不同的起源假说,能够清晰地反映学者研究的焦点与货币的关键属性。

第一,债务起源说的实质无异于交换起源说,货币流通和计价是交换起源说与债务起源说的共同义。理论界之所以形成交换起源说与债务起源说这两种表面上看起来互相对立的观点,是因为混淆了交换关系与借贷关系的差异。交换起源说认为货币的本质是一种交换媒介,这是以交换关系为分析视角。债务起源认为货币的本质是可转让的一般性债务,这是以借贷关系为分析视角。认同债务起源说的学者指出,交易的不同时性首先产生出借贷关系,然后债务凭证发展为货币。[2]事实上,交换关系与借贷关系既有联系,又有区别。两者的联系是,借贷关系是跨期的交换关系;两者的区别是,借贷关系必须考量债务人的信用状况与偿债能力,而当期交割完毕的交换关系无须考量货币支付一方的信用状况与偿债能力。借贷有违约风险,如果债务人不具备良好信用与偿债能力,那么跨期交换的借贷关系就不可能发生。显而易见,借贷关系的理论内涵比交换关系的理论内涵更复杂,借贷关系与交换关系不能混为一谈。

学者从借贷关系考察货币起源,实则已经暗含了债务人具备良好信用与偿债能力的假设。因为一旦债务人出现违约风险,债务的转让会立即中断,债务起源说便不能成立。可以想象,雅浦岛上没有良好信用与偿债能力的岛民,很

---

[1] 周洛华:《货币起源》,上海财经大学出版社2019年版,第99—120页。
[2] 孙国峰:《货币创造的逻辑形成和历史演进——对传统货币理论的批判》,《经济研究》2019年第4期。

难通过"费币"登记债务获得所需商品。债务起源说排除了普遍存在的违约风险,没有违约风险的可转让债务并无借贷关系的实质。换句话说,债务起源说中的"债务"并非由借贷形成的债务,可转让的一般性债务等同于交换媒介与计价单位的组合。如果雅浦岛所有岛民不区分是否具备良好信用与偿债能力均可使用"费币"登记债务进行商品交换,那么"费币"记载的债务必须有十足的质押才会被受让。如此一来,"费币"记载的债务更像是质押物的记账单位。交换关系的重点是流通与计价,借贷关系的重点是信用状况与偿债能力。在债务人具备良好信用与偿债能力的无违约风险假设下,债务起源说的实质无异于交换起源说,货币流通与计价是两者的共同之义。

第二,交换起源说与债务起源说都忽略了社会公平对货币流通的影响,货币的购买力稳定是货币支付与贮藏的必要条件。交换起源说未涉及货币购买力,债务起源说的最大特点是强调政府在货币发行与管理中的作用。政府主导货币发行与管理以便于操纵货币发行量获取铸币税。债务起源说忽略了政府主导货币发行与管理的弊端,由政府超发货币导致的货币购买力下降不利于维护社会公平。有学者指出,纸币的存在只是依靠法律特权,纸币流通是通过各种对私有产权的渐进侵犯以及通过中央银行大肆违背契约而实现的。[1]

道德起源说弥补了交换起源说与债务起源说的不足,对社会公平的考察即为关注购买力波动对货币流通的影响。政府单方面主导货币发行与管理容易形成一种不公平的制度设计,政府获取铸币税与货币贮藏者保护自身利益是一对不可调和的矛盾。不公平的货币制度导致无效率的经济运行,无效率的经济运行必定引发货币制度的变迁。从道德起源说来看,货币的起源不仅是满足商品交换市场发展的需要,同时也不能单方面作为政府获取铸币税的工具。货币流通关系到社会不同阶层之间的利益关系协调问题,思考货币的起源与本质不能忽略社会公平对货币流通的影响。

综合三种货币起源假说可知,流通计价与购买力稳定都是货币的关键属性。流通与计价是货币最基本的职能,在无违约风险的假设下,债务起源说的实质无异于交换起源说。社会公平对货币流通也会产生重要影响,货币购买力

---

[1] [德]约尔格·吉多·许尔斯曼:《货币生产的伦理》,浙江大学出版社2011年版,第106页。

稳定是货币理论无法回避的焦点问题。货币的起源与演变是一个社会不同阶层之间利益关系调整的博弈过程,三种起源假说代表了考察这一博弈过程的三个不同视角。比较三种货币起源假说的目的在于提炼理性经济人对货币关键属性的要求。

第二节　流通性与稳定性的纵向考察：货币理论的发展

货币理论一直是学术界讨论的热点。在货币理论的发展过程中,观点不同的现象时常出现。劳伦斯·哈里斯试图概括货币理论探讨的两个基本问题,这两个基本问题在一定程度上反映了货币理论发展演变的线索:"在货币理论中总是不断地出现两个基本问题,而且实际上货币理论许多高深的发展背后,也存在着这两个问题:什么是货币？为什么要用货币？"[1]"什么是货币"的问题具有形而上的特点,"为什么要用货币"的问题则更贴近现实。对"什么是货币"的思考蕴藏于对"为什么要用货币"的思考中。货币理论探讨的主题,例如货币数量论、古典二分法等,如果从"为什么要用货币"这个角度来理解其现实意义,则可概括为流通计价和调整收入分配两个方面。基于"为什么要用货币"的基本问题,考察货币理论的不同观点,对于梳理货币理论的基本要素和体系结构做出了积极有益的探索。

一、货币理论发展的特征

货币理论发展的逻辑起点是货币数量论。货币数量论并非旨在论证 M 与 V 的乘积等于 p 与 Q 的乘积,也非简单说明在 V 与 Q 不变的前提下 M 与 p 正相关。从学者的思考历程来看,货币数量论的研究对象其实是货币供给、货币流通、价格水平、产出收入之间复杂的互动关系。货币数量论之所以能够作为货币理论演变的逻辑起点,是因为它代表"一种思想框架或者思想学派,在这个范围之内,不同的学者论述了各种问题"[2]。

---

[1] [英]劳伦斯·哈里斯:《货币理论》,商务印书馆2017年版,第3页。
[2] 同上书,第56页。

第一，货币中性和货币非中性是争论时间最长的话题，这一领域至今未形成统一的观点。根据货币数量论，如果货币供给仅仅引起价格水平的同比例变动，不会引起相对价格和产出的变动，那么货币是中性的；反之，货币就是非中性的。货币中性的典型应用是古典二分法和新古典一般均衡。古典二分法认为货币供给不影响产出与就业，货币的意义在于"它具有节省时间和劳动的特性，它是一种使人办事迅速和方便的机械，没有它，要办的事仍可办到，只是较为缓慢、较为不便"[1]。货币中性在日常生活中很难观察到，现实中观察到的现象更多地表明货币是非中性的。随着凯恩斯主义、新古典宏观经济学、新凯恩斯主义的兴起，货币短期非中性越来越受到学术界的重视。学者试图从利率、储蓄投资、预期偏差、价格黏性、工资刚性等角度解释货币非中性的原因，并提出经济增长和市场出清的政策建议。

从理论上看，货币中性和非中性争论的核心在于货币供给是否影响就业和产出。在古典二分法和新古典一般均衡的框架内，货币的作用仅仅是流通与计价，名义经济变量和实际经济变量互相独立。从实践上看，货币中性和非中性争论的核心是要不要利用货币供给影响就业与产出。在凯恩斯主义经济学的语境下，政府实施扩张性的货币政策，提高就业率来增加国民收入。货币非中性实现了收入分配的调整，货币中性与非中性的不同观点折射出社会不同阶层之间利益关系调整的博弈。因此，回到"为什么要用货币"的基本问题，货币中性的回答是流通与计价，货币非中性的回答是调整收入分配。

第二，价格分为两类：一类是绝对价格和总量价格；另一类是相对价格。两类价格不能整合。货币数量论反映货币经济的运行过程，货币数量论中的价格是绝对价格。新古典一般均衡反映实物经济的运行过程，新古典一般均衡中的价格是相对价格。现实中，货币参与商品交换意味着货币数量论和新古典一般均衡需整合为一个模型。然而，帕廷金却证明了货币数量论和新古典一般均衡的不兼容性："如果在瓦尔拉斯一般均衡中引入货币因素，那么瓦尔拉斯法则便不满足齐次性假设而不再成立。"[2]换句话说，瓦尔拉斯一般均衡只能决定相

---

[1] [英]约翰·穆勒：《政治经济学原理》下卷，商务印书馆1991年版，第14页。
[2] 参见[以]唐·帕廷金：《货币、利息与价格》，中国社会科学出版社1996年版，第189页。

对价格而不能决定绝对价格,货币不能既表示相对价格又表示绝对价格。绝对价格的加总就是总量价格,总量价格和相对价格的矛盾表现为20世纪中叶的剑桥资本争论。

有学者试图解释相对价格和绝对价格、总量价格的对立。柳欣认为,绝对价格和总量价格用于国民经济核算,反映的是收入分配的社会关系。相对价格用于新古典生产函数,反映的是资源配置的技术关系。新古典边际产出作为要素相对价格并不需要绝对的或加总的货币量值。[1] 从效率的角度来比较两类价格更能凸显剑桥资本争论的现实意义。在新古典经济学中,相对价格是资源配置的工具,体现出利润最大化原则和竞争效率。在货币数量论和凯恩斯主义经济学中,货币、绝对价格、总量价格是反映收入分配的变量,并不体现竞争效率。从这个意义上讲,相对价格和绝对价格、总量价格对立的本质是关于货币经济效率与收入分配理论的不协调。再回到"为什么要用货币"的基本问题上,相对价格的回答是资源配置和追求效率,绝对价格和总量价格的回答是调整收入分配。

第三,外生货币说和内生货币说都不足以解释货币供应量如何决定的问题。货币经济的平稳运行有赖于合适的货币供应量,货币供应量如何决定是货币数量论无法回避的问题。20世纪30年代,凯恩斯提出了外生货币说——货币供应量是由中央银行单独决定的外生变量。外生货币说的现实应用是,中央银行通过投放高能货币以增加货币供应量,从而达到经济增长和充分就业的宏观调控目标。然而,20世纪70年代出现的滞胀宣告外生货币说的政策实践失败。为了应对滞胀的挑战,后凯恩斯主义转向内生货币说的研究,主张货币供应量是由企业借款需求和商业银行贷款意愿等内生决定的。

货币供应量不存在单一的决定因素,从外生货币说到内生货币说的理论演变实则反映了货币供应量增加过程中社会不同阶层之间利益关系调整的博弈。出于提高就业率、缓解财政赤字等方面的考虑,中央银行往往倾向于增加货币供应量。从这个意义上讲,外生货币说实现了有利于失业者和政府的收入分配调整。但是,货币供应量的累积增加容易造成相对价格紊乱并助推物价上涨。

---

[1] 柳欣:《马克思经济学与资本主义》,《南开经济研究》2013年第6期。

内生货币说体现了企业和商业银行维护自身利益、规避宏观经济风险的诉求。为了应对中央银行增加货币供应量导致的生产利润波动,企业的策略是削减投资,商业银行的策略是收缩信贷。值得注意的是,物价上涨导致货币购买力贬值,损害了货币持有者的利益。货币持有者转而购买稀缺性资产,迫使稀缺性资产价格大幅上涨。换句话说,货币供应量增加在一定程度上实现了货币持有者和稀缺性资产持有者之间的财富重分配。可见,货币供应量增加的过程就是社会不同阶层之间利益关系调整的博弈过程。思考"为什么要用货币"的基本问题,外生货币说的回答是增加货币供应量调整收入分配,内生货币说的回答是规避宏观经济风险并且抵御货币购买力贬值。

二、不同货币理论的分类

在货币数量论的框架下,学者考察了货币供给、货币流通、价格水平和产出收入之间的互动关系。外生货币说和内生货币说分析了货币供给的问题。相对价格和绝对价格、总量价格分析了货币流通与价格水平的问题。货币中性和货币非中性分析了货币流通与产出收入的问题。深入思考上述观点的区别和实质,能够为厘清货币理论发展的逻辑线索提供学说史的镜鉴,对于政府制定货币政策、管理货币经济也具有很强的现实针对性。

货币理论和货币经济存在的先决条件是货币的使用。显然,没有货币的使用便不存在货币理论和货币经济。因此,"为什么要用货币"的问题既是货币理论产生的根源,又是货币理论比较的基准。根据这一提问,货币中性的回答是流通和计价,货币非中性的回答是调整收入分配。相对价格的回答是资源配置和追求效率,绝对价格和总量价格的回答是调整收入分配。外生货币说的回答是增加货币供应量调整收入分配,内生货币说的回答是规避宏观经济风险并且抵御货币购买力贬值。因此,上述观点大体可分为两类:一类观点认为货币用于流通计价和资源配置,如货币中性的观点、相对价格的观点,即货币表示流通计价的相对价格,不能影响产出收入;另一类观点认为货币用于调整收入分配,如货币非中性的观点、绝对价格与总量价格的观点,即货币表示收入分配的绝对价格和总量价格,可以影响产出收入。

流通计价的观点和调整收入分配的观点相互对立。若货币用于流通计价,则货币理论具有古典二分法的特征,能够体现竞争效率;若货币用于调整收入分配,则货币理论具有凯恩斯主义的特征,不能体现竞争效率。值得一提的是,外生货币说和内生货币说的理论建构反映了利用货币调整收入分配的利益博弈过程。外生货币说揭示了利用货币调整收入分配的手段,即增加货币供应量;内生货币说代表了应对货币供应量增加的策略,即持有稀缺性资产抵御通货膨胀。总的来说,货币理论的发展契合了货币经济的运行过程,货币理论发展的过程就是社会不同阶层之间的利益博弈过程。理论发展的背后往往有着深刻的人性基础,流通计价的观点和调整收入分配的观点实质上代表了社会不同阶层的利益诉求。

第三节 流通性与稳定性的动态考察:货币制度变迁的目标导向

货币起源的不同假说表明,流通计价和购买力稳定都是货币的关键属性。考察货币理论的发展过程以及"为什么要用货币"的基本问题,货币理论可以分为流通计价的观点和调整收入分配的观点。其中,利用货币调整收入分配的方式是增加货币供应量,但是这会造成货币购买力贬值。考察货币制度变迁的目标导向也得出了相似的结论:第一,基于商业扩张和市场交易的考虑,货币制度变迁以便利流通计价为目标导向;第二,货币用于调整收入分配往往造成购买力贬值,妨碍货币用于流通计价和资源配置,此时货币制度变迁以稳定币值为目标导向。

一、货币制度变迁理论

货币的使用有着悠久的历史。在历史上,贝壳、盐、珠玉、铜、白银、黄金等都曾充当过货币。当前,世界各国使用的货币大多是信用纸币。不同时期的货币制度并非固定不变,而是存在一个渐进的变迁过程。货币制度变迁是一个多因素共同作用的过程,不同的禀赋要素牵引着某一国家或某一地区的货币制度走向不同的方向。学术界讨论货币制度变迁的理论大体有以下三种:

第一,运用个人选择理论和博弈论研究货币制度变迁。道格拉斯·诺斯认

第二章 货币流通性与稳定性:一个交换媒介属性的分析框架

为,个人选择理论是分析制度变迁的微观基础:"运用个人选择理论之所以是必须的,是因为任何具有逻辑一致性且可检验的假设集合,都必须建立在有关人的行为理论的基础之上。制度是人类的创造物,它们演化着,并为人类所改变,因而,我们的理论必须从分析个人开始。"[1]个人选择理论的实质是新古典经济学的效用最大化模型。行为人根据自身偏好对选择集合进行评估,当行为人实现效用最大化时,制度变迁的均衡才能实现。不同行为人的偏好各有不同,微观层面的个人选择汇总为宏观层面不同利益组织的博弈。诺斯描述了制度变迁的博弈过程:"显著的制度框架的变迁,牵涉到众多约束的诸多变化,这其中不仅包括法律约束,还包括行为规范。也许对于从事某项特定交换的人来说,制度约束还不够理想或有效,因而他们希望重构制度,但同样的一套制度对另一些选择来说可能仍然是有效率的,并且,真正起决定性作用的是个人与组织的谈判力量。因此,只有当正式规则的改变对那些拥有充分谈判能力的人是有利的时候,正式的制度框架才可能会有重大变化。"[2]对于货币制度而言,货币供应量增加使得货币购买力贬值和交换效率降低,收入分配的调整引发货币制度变迁的博弈,直到产生能够协调社会不同阶层之间利益关系的新货币制度。制度变迁的进程始终伴随着行为人的选择决策和利益组织的博弈,制度变迁中的利益关系调整是影响制度变迁方向的关键因素。

第二,基于商业扩张和市场交易研究货币制度变迁。约翰·希克斯认为,商业经济一开始就是使用货币的经济,商业经济扩张和货币制度变迁相辅相成:"国家制度与货币制度的关系历来是非常密切的。不过很清楚,货币并不是作为国家的一种创造物开始的。有铸币以前就有了货币。就货币的起源而言,它是商业经济的产物;不过它是各种政府(甚至是完全非商业性的政府)都知道要接管的商业经济的第一产物。"[3]希克斯讨论了货币制度变迁适应商业扩张需满足的两项要求:一是作为一般等价物的要求,"容易贮藏,容易隐蔽而又不易损坏的商品显然特别适合于上述用途。结果黄金和白银代替了其他商品充

---

[1] [美]道格拉斯·诺斯:《制度、制度变迁与经济绩效》,格致出版社等2008年版,第6页。
[2] 同上书,第95页。
[3] [英]约翰·希克斯:《经济史理论》,商务印书馆1987年版,第59页。

作了一般等价物；而由于市场势力的自然作用，结果发生了集中"[1]。二是用一种共同的标准进行估价，"这种标准不一定需要是参与这种特殊交易的一种东西，只要是通常进行交易的东西即可。当牲畜像在早期的一些市场上惯常实行的那样被用作'货币'时，人们主要希望它们执行的就是货币的这种职能"[2]。希克斯提出的货币制度变迁两项要求与货币用于流通计价的理论观点，从内涵上来讲是完全相同的。

　　黑田明伸关注到货币需求的季节性特征和小额通货的非回流性特征，提出市场交易的非对称性会导致货币制度变迁的非对称性。货币需求的季节性特征是指，季节性强的谷物等商品与季节性弱的家畜、鞋子等商品对货币需求的影响不同。由于市场交易的时间错离，季节性强的市场需要准备的货币存量多于季节性弱的市场。小额通货的非回流性特征是指，下层市场日常物品交易需要大量小额通货，小额通货从上层市场向下层市场散布并停留在下层市场，且回流上层市场的小额通货数量较少。由于市场交易的空间错离，下层市场的小额通货需求较大，上层市场的小额通货供给相对不足。从理论意义上讲，货币需求的季节性特征和小额通货的非回流性特征旨在表明，市场交易的时间错离和空间错离会造成货币供给与货币需求不相匹配的非对称性困境。黑田明伸认为，为了解决这种非对称性困境，多种通货竞争并存的货币制度变迁局面便产生了，其结果是通货之间的交换也呈现非对称性。[3]换句话说，市场交易的非对称性导致了结构分化的货币制度和多样性的变迁路径。总之，黑田明伸着眼于市场交易在时间和空间上的非对称性，进一步细化了货币用于流通计价和资源配置进而影响货币制度变迁过程的研究。

　　第三，从通货膨胀的角度研究货币制度变迁。在奥地利学派看来，通货膨胀是造成经济波动的主要原因。通货膨胀的负面影响体现在扰乱市场价格体系，进而导致大规模的失业。弗里德里希·冯·哈耶克详细论述了这一过程："从长远来看，通货膨胀对于经济正常运转构成的更严重的并最终可能导致自由市场体系无法正常运转的危害在于，价格结构被扰乱，从而引导资源投向错

---

[1] [英]约翰·希克斯：《经济史理论》，商务印书馆1987年版，第59页。
[2] 同上书，第60页。
[3] [日]黑田明伸：《货币制度的世界史》，中国人民大学出版社2007年版，第193—194页。

误的方向,驱使劳动力和其他生产要素(尤其是资本投资)投入某个项目,而只有在通货膨胀继续加强的条件下,这些项目才会有利可图。正是这种效应,导致了严重的失业浪潮。"[1]哈耶克进一步指出,无论是金属货币还是信用货币,通货膨胀的负面影响均可出现。16世纪黄金、白银的大发现也产生了与信用货币通货膨胀相同的效果。[2]

如果说通货膨胀是一种货币现象,那么通货膨胀的根源就是国家垄断货币发行权并增发货币。[3]历史上的多数时期,货币发行权由国家垄断,国家单方面决定货币发行量。当财政支出大于财政收入时,政府往往倾向于采取增发货币的政策。尤其是在信用货币的制度下,纸币的发行比金属货币的铸造更便捷。曼昆指出:"政府把货币创造作为支付其支出的一种办法。当政府想要修公路、支付军人薪水,或者对穷人或老年人进行转移支付时,它首先必须筹集必要的资金。在正常的情况下,政府可以通过征收所得税和销售税来筹资,也可以通过出售政府债券向公众借债来筹资。然而,政府还可以简单地通过印发它需要的货币来为其支出进行支付。"[4]

哈耶克对国家垄断货币发行权制造通货膨胀的制度合理性表示怀疑。虽然政府从增发货币中获取了铸币税的收益,但是通货膨胀在一定程度上也损害了货币经济运行的效率。当法定货币的购买力出现明显贬值,人们倾向于选择另一种购买力相对稳定的货币作为替代,货币制度变迁随之发生。哈耶克描述了货币制度变迁的目标:"能够使一种通货被人普遍接受的、即成为名副其实的流动性资产的,恰恰就是因为它的购买力有望保持稳定,因而人们会偏爱它而不选择其他资产。"[5]布雷顿森林体系崩溃以后,相较于信用货币的发行量,其购买力更具重要性。对此,哈耶克也提出了相应的政策建议,即废除中央银行制度,由多家发钞银行竞争发行货币。从货币国家化到货币非国家化,货币制度变迁的焦点转移到了通货膨胀和币值稳定上。

---

[1] [英]弗里德里希·冯·哈耶克:《货币的非国家化》,新星出版社2007年版,第92—93页。
[2] 同上书,第34页。
[3] 参见[美]米尔顿·弗里德曼:《货币的祸害》,商务印书馆2006年版,第186页。
[4] [美]曼昆:《经济学原理:宏观经济学分册》,北京大学出版社2015年版,第177页。
[5] [英]弗里德里希·冯·哈耶克:《货币的非国家化》,新星出版社2007年版,第121页。

二、货币制度变迁的两大目标导向

货币制度变迁是一个动态事件。某一时点的货币供给和货币需求可能出现不匹配的情况,推动了货币制度变迁的发生。在商业扩张和市场交易的背景下,货币制度变迁以便利流通计价为目标导向。黑田明伸从时间的季节性和空间的非回流性两个方面,分析了货币供给和货币需求之间的不匹配。多种通货竞争并存有效地缓解了商品交换和货币流通的困境,货币供给和货币需求得以协调。于是,货币制度变迁顺利实现。在政府增发货币造成法定货币购买力贬值的背景下,货币制度变迁以稳定币值为目标导向。弗里德里希·冯·哈耶克将货币史视作一部通货膨胀的历史,政府制造通货膨胀和民众要求币值稳定之间的利益冲突是考察货币制度变迁动因的重要切入点。[1] 据此,哈耶克提出了货币非国家化的货币供给设想,以满足民众要求币值稳定的货币需求。从某种意义上讲,便利流通计价和稳定币值的两大目标导向印证了货币用于流通计价和货币用于调整收入分配的观点分类。

更一般地讲,流通计价和稳定币值是货币理论发展与货币制度变迁研究的共同参照。从内容上看,货币中性和货币非中性、外生货币说和内生货币说等理论与希克斯、黑田明伸、哈耶克等人的货币制度变迁理论有着各不相同的主题。但是,基于"为什么要用货币"这一基本问题,货币理论的两类观点和货币制度变迁的两大目标导向又有着紧密的关联。货币中性和货币非中性探讨了货币流通和产出收入之间的互动关系。希克斯、黑田明伸基于商业扩张和市场交易研究货币制度变迁,丰富了货币中性和货币非中性的理论认识。外生货币说和内生货币说探讨了货币供给的决定问题。哈耶克提出货币非国家化理论,实质上是对外生货币说和内生货币说的讨论延伸。货币理论的具体探讨往往代表了货币制度变迁的现实要求。货币制度变迁的理论提炼又能够作为货币理论进一步发展的依据。货币理论主张货币用于流通计价,相应的货币制度变迁理论则以便利流通计价为目标导向。货币理论主张货币用于调整收入分配,

---

[1] 参见[英]弗里德里希·冯·哈耶克:《货币的非国家化》,新星出版社2007年版,第33—34页。

相应的货币制度变迁理论则以稳定币值为目标导向。就流通计价和稳定币值而言,货币思想的发展和货币制度变迁的研究相辅相成。

需要注意的是,不确定性是研究货币制度变迁的认知基础。从贱金属货币到贵金属货币,从可兑换纸币到不可兑换纸币,货币制度变迁没有一成不变的路径和目标。唯一不变的,是货币制度变迁过程中的利益博弈。

第四节 流通性与稳定性的交换媒介二维属性分析框架

从综合货币理论的发展和货币制度变迁的目标导向不难看出,货币作为交换媒介,需要同时具备一定的流通性与稳定性。流通性是交换媒介的首要属性,便利流通计价与资源配置。稳定性是交换媒介的必备属性,购买力快速贬值的货币不适合用于流通计价与资源配置。深入研究流通性与稳定性的理论内涵和现实意义,提炼流通性与稳定性的交换媒介二维属性分析框架,在一定程度上能够拓展货币思想转型与货币制度变迁问题的研究视野。

一、交换媒介的流通性与稳定性

货币理论的发展特征和货币制度变迁的两大目标导向揭示了货币作为交换媒介应具备的两种基本属性。货币制度赖以存在的载体是交换行为。米塞斯认为,人们取得交换媒介既不是为了自己的消费,也不是为了用于生产,而是为了将来拿它交换那些可以用来消费或生产的财货。[1] 货币制度变迁的现实意义是为了提升交换效率,顺利完成商品的交换。一种货币能够被民众接受用作交换媒介,应当能够便利流通计价并且保持币值稳定。概括而言,流通性与稳定性是交换媒介应有的两种基本属性。

流通性是交换媒介的首要属性,流通性意味着间接交换的便利程度,不能流通的物品显然不能成为货币。在农耕社会,牛、羊等大型家畜曾被用作交换媒介,但是牛、羊等不易携带、不易分割,不是货币的最佳选择。随着分工程度

---

[1] [奥]路德维希·冯·米塞斯:《人的行为》,(台北)远流出版事业股份有限公司1997年版,第510页。

的加深和市场整合,金属铸币成为主要流通货币。金本位之后,纸币和铸币脱钩,纸币的流通由国家信用保证。相较于铸币,纸币的面值可以有更多的选择。交换的便利程度又有了极大的改善。纵观货币史,交换媒介的流通性一直是货币制度变迁的约束条件。马克思考察商品价值形式的四个发展阶段,货币形式是价值形式的最高阶段。在简单的、个别的或偶然的价值形式逐步发展为货币形式的过程中,等价物的形态越来越固定。这意味着最终发展为货币的等价物逐步合并其他等价物的流通区域。商品价值形式的四个发展阶段很好地诠释了流通性在货币制度变迁中的重要性。从某种意义上讲,流通性较好的货币有利于提高交换效率,货币制度变迁应朝着提高流动性的方向进行。

稳定性是交换媒介的必备属性,稳定性意味着货币购买力平稳。交换媒介必须具备稳定性是为了满足跨期交换的需要。民众之所以愿意持有某种货币直至在未来某一时刻将其用于交换,是因为不存在购买力贬值的心理预期和现实基础。在跨期交换的背景下,稳定性对货币需求有着决定性影响。购买力大幅贬值的货币损害了该种货币持有者的利益,容易激发市场抛售和制度变迁。此外,货币购买力波动对相对价格也会产生危害。相对价格失灵导致资源错配和生产扭曲,进一步恶化了货币制度的运行环境和不确定性。当前不兑现纸币替代金属铸币,把币值稳定作为货币政策的调控目标显得格外重要。毋庸置疑,稳定性对货币制度变迁发挥着关键性作用。弗里德里希·冯·哈耶克强调:"就长期而言,人们会从若干种货币中成功地选择出一种价值保持稳定、有益于生产和交易的通货。"[1]

值得一提的是,学术界存在一种划分货币金属主义和货币名目主义的研究方法,用以探讨货币本质和货币经济运行机制。有学者运用这一研究方法梳理中国古代货币史和货币思想史。[2] 这一研究方法的形成可以追溯到古希腊时期。柏拉图认为,货币是为了交换方便而设计的一种"符号",货币的价值与它的金属特征无关。亚里士多德则持相反看法,他认为,金属比其他商品更适合

---

[1] [英]弗里德里希·冯·哈耶克:《货币的非国家化》,新星出版社2007年版,第77页。
[2] 参见萧清:《中国古代货币史》,人民出版社1984年版;萧清:《中国古代货币思想史》,人民出版社1987年版;宋杰:《中国货币发展史》,首都师范大学出版社1999年版;叶世昌、李宝金等:《中国货币理论史》,厦门大学出版社2003年版。

用作货币。[1]经过重商主义学说和凯恩斯主义经济学的阐释,货币金属主义和货币名目主义的核心观点已经较为明确。货币金属主义认为,货币需要具有一定的金属材质,货币的价值由金属材质的含量决定。货币名目主义认为,货币仅仅是一个没有价值的符号,国家垄断货币发行权可以自主决定货币发行量。不难看出,货币金属主义和货币名目主义的争论更侧重于稳定性的考量,而忽略了流通性的结构分化。事实上,不同种类的货币既可以在流通性上具有明显区别,也可以在稳定性上具有明显区别。流通性与稳定性是相互独立的两种交换媒介属性,需要分别考察。因此,流通性与稳定性的交换媒介二维属性分析框架和划分货币金属主义与货币名目主义的研究方法并不矛盾,并且能够更清晰地厘清货币制度变迁的实现机制。

二、交换媒介二维属性分析框架的推演

将流通性与稳定性用十字坐标系表示,如图2.1所示。纵坐标衡量流通性,横坐标衡量稳定性;第一象限货币具有较好的流通性与较好的稳定性;第二象限货币具有较好的流通性与较差的稳定性;第三象限货币具有较差的流通性与较差的稳定性;第四象限货币具有较差的流通性与较好的稳定性。一般而言,一种货币能够被民众接受用作交换媒介,至少在流通性与稳定性中的某一方面具有优势。从这个意义上讲,流通性较差并且稳定性也较差的第三象限货币在现实中极易被弃用淘汰。于是,理论上只需讨论第一象限、第二象限和第四象限的货币。

第一象限货币具有较好的流通性与较好的稳定性,是交换媒介的最优选择。第二象限货币在稳定性上有缺陷,第四象限货币在流通性上有缺陷,两者是交换媒介的次优选择。根据货币制度变迁的两大目标导向,以下两种情况可能引发货币制度变迁:第一,次优交换媒介被最优交换媒介所取代,即第二象限货币或第四象限货币被第一象限货币所取代;第二,次优交换媒介之间相互取代,即第二象限货币与第四象限货币之间相互取代。

在第一种情况下,如果货币制度变迁以便利流通计价为目标导向,则是第

---

[1] 李晓蓉:《西方经济学说史》,北京大学出版社2014年版,第9、13页。

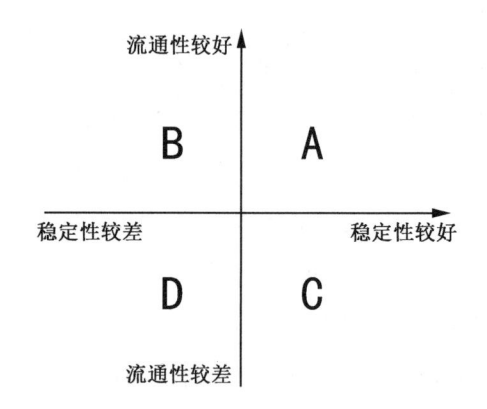

```
       流通性较好 ▲
                │
          B     │    A
                │
   稳定性较差    │     稳定性较好
  ──────────────┼──────────────▶
                │
          D     │    C
                │
       流通性较差
```

图 2.1　流通性与稳定性的交换媒介二维属性分析框架

四象限货币被第一象限货币所取代；如果货币制度变迁以稳定币值为目标导向，则是第二象限货币被第一象限货币所取代。需要注意的是，最优交换媒介取代次优交换媒介的过程一般不可逆，降低交换效率的货币制度变迁不符合理性经济人假设。

在第二种情况下，如果货币制度变迁以便利流通计价为目标导向，则是第四象限货币被第二象限货币所取代。但是，第二象限货币的稳定性较差，货币制度变迁还将继续进行。如果货币制度变迁以稳定币值为目标导向，则是第二象限货币又会被第四象限货币所取代。但第四象限货币的流通性较差，因此可以想见，货币制度变迁将循环往复地进行。换句话说，当不存在最优交换媒介可供选择时，次优交换媒介之间的货币制度变迁呈现循环替代进行的特征。

综上所述，流通性与稳定性组成了交换媒介二维属性分析框架。同时满足流通性与稳定性的货币是最优选择，能够长期用于交换。流通性与稳定性仅满足其一的货币可能引发货币制度变迁，稳定性较好而流通性较差的货币不利于市场规模的扩大和商品经济的发展。约翰·希克斯和黑田明伸关注到商业扩张和市场交易对货币制度变迁的影响。在货币经济的早期，如何扩大货币的使用范围赚取商业利益是时人优先考虑的焦点，流通性较好而稳定性较差的货币极易造成通货膨胀和生产生活秩序紊乱。弗里德里希·冯·哈耶克关注到国家统一发行货币后的通货膨胀和物价上涨现象。在不兑现纸币流通的时期，如何抵御货币购买力贬值是当代货币制度无法回避的挑战。总的来说，弥补相对欠缺的交换媒介属性就是某一时点货币制度变迁的方向。

三、分析框架在货币思想转型研究上的应用

流通性与稳定性的交换媒介二维属性分析框架同样可用于研究货币思想转型。

第一,运用流通性与稳定性的交换媒介二维属性分析框架梳理货币思想的不同观点,有助于厘清不同思想观点的形成基础与内容实质。从理论推演来看,流通性较好并且稳定性也较好的货币是交换媒介的最优选择。然而,社会不同阶层出于自身利益的考量,对交换媒介的流通性与稳定性会有不同的要求。货币思想的不同观点有着不同的形成基础,货币思想的内容实质上反映了社会不同阶层对交换媒介属性的具体要求。

就流通性而言,民众希望交换媒介具有较好的流通性,以便于流通计价和资源配置。政府则需要从经济发展、财政收支和国家安全等方面综合考虑,安排不同流通性的交换媒介。就稳定性而言,民众希望交换媒介具有较好的稳定性,确保购买力稳定以维护自身利益。然而,交换媒介具有较好的稳定性不利于政府增发货币获取铸币税。尤其是在财政赤字时期,政府并不希望交换媒介具有较好的稳定性。由此可见,针对同一种货币的流通性与稳定性,社会不同阶层往往会提出不同的看法和评价。梳理货币思想的形成背景和内容实质,需要从流通性与稳定性两个方面分别考察。

第二,运用流通性与稳定性的交换媒介二维属性分析框架研究货币思想转型,有助于厘清转型的理论内涵及其现实意义。一般来说,货币思想转型会伴随着货币制度变迁。在货币制度变迁的背景下,旧货币和新货币在流通性与稳定性上通常存在一定的差异。这种差异往往就是货币思想讨论的焦点。换句话说,新旧货币在流通性与稳定性上的差异表明了货币思想转型的理论内涵。

就制度而言,制度本身就是社会不同阶层之间利益关系的一种体现。有学者对"制度"这一名词做过解释:"制度安排的本质都不过是规范化的社会利益关系协调方式。人们找到一种能够使社会群体之间利益关系趋于协调的方式,然后把它固定下来,形成社会共同的约定,并且把这个约定上升到规范的形式,

这就叫做制度安排。"[1]从这个意义上讲,货币制度变迁的过程同时也是社会不同阶层之间利益关系调整的过程。由于新旧货币在流通性与稳定性上存在一定的差异,所以有的思想观点支持使用新货币,有的思想观点则表示反对。不同思想观点的对立折射出社会不同阶层之间的利益关系调整,这是转型理论内涵的现实意义所在。

流通性与稳定性的交换媒介二维属性分析框架有助于揭示货币制度变迁导致政府和民众之间利益关系调整的逻辑线索。分析框架以流通性与稳定性为基点,整合货币思想转型与货币制度变迁两方面的研究。在思想层面,政府和民众对货币流通性与稳定性往往会提出不同的评价。具体来看,传统社会的政府出于维护边境安全的考虑,通常会限制贵金属货币在边境的流通。这一制度安排并不利于跨境贸易和边境地区经济的发展,容易招致民众的反对。同样,为了缓解财政赤字,政府倾向于采取增加货币供应量的办法。这会使得货币的稳定性较差,不利于民众的财富积累,从而引发民众对货币制度的不满。对流通性与稳定性的评价差异表明货币制度变迁导致政府和民众之间利益关系调整的关键。在事实层面,货币制度变迁只能有一种结果,即新旧货币在流通性与稳定性上的差异通过影响生产、交换、分配、消费的经济运行一般过程,进而实现政府和民众之间的利益关系调整。以流通性与稳定性为基点,关于白银流通的观点交锋与白银成为主要流通货币的事实结果互相佐证,共同揭示货币制度变迁导致政府和民众之间利益关系调整的逻辑线索。

---

[1] 陈淮:《大道至简:讲给 EMBA 的经济学》,中国发展出版社 2009 年版,第 10 页。

第三章 "银为上币"说的建构：货币思想转型的第一阶段

货币思想和货币制度是研究货币的一体两面。在明前期，铜钱与纸钞陷入了货币供给的"循环困局"。由于传统货币思想无法解决货币供给的难题，因此明中叶货币思想转型的第一阶段出现了利用白银改良货币制度的观点。需要强调的是，在明中叶转型的第一阶段，海外白银尚未大量涌入中国。国内白银存量不充裕，利用白银改良货币制度需要对流通货币管理办法加以设计。本章基于交换媒介二维属性分析框架，考察晚明时期货币思想转型第一阶段的背景、理论建构和特征，能够为理解转型理论内涵提供有益的启发。

第一节 货币思想转型第一阶段的背景

自明朝建立至明中期，在国内统一的大背景下，商品经济逐步恢复发展。在这一时期，流通货币以铜钱和纸钞为主。面对人口流动的日益频繁和市场规模的日渐扩大，铜钱与纸钞的流通都无法满足经济发展的需要。笨重且价值低的铜钱无法适应远距离交易和大额交易，滥发的大明宝钞因严重贬值而被民众弃用。梳理明前期至明中期商品经济的变化和货币供给的特点，进而厘清铜钱与纸钞的互动关系，是明晰晚明时期货币思想转型特征和理论内涵的重要前提。

一、明前期至明中期商品经济运行的变化

明前期至明中期的商品经济运行发生了显著的变化。从供给端来看,首先,明前期的人口数量获得一定数量的增长。《明史》记载:"太祖当兵燹之后,户口顾极盛。其后承平日久,反不及焉。靖难兵起,淮以北鞠为茂草,其时民数反增于前。后乃递减,至天顺间为最衰。成、弘继盛,正德以后又减。"[1] 曹树基认为,从洪武二十四年(1391年)至崇祯三年(1630年),中国人口年平均增长率为4.1‰。[2] 若按4.1‰计算,洪武二十四年人口数为5 677万,正德元年(1506年)人口数约为9 083万;也就是说,从明初到16世纪初,人口数量增长了60%。

其次,明前期至明中期人口流动的变化趋势是越来越频繁。明代管理人口流动的政策依据是明初建立的以户贴、赋役黄册为核心的户籍制度和以里长、甲首为核心的赋役征派制度。户贴、黄册和里甲制度的结合,使得在元末战乱中流失的人口重新成为明王朝的编户齐民,分散割据的地方社会也被有效地重新纳入中央集权的控制系统之中。[3] 宣德以后,民间自发的人口流动逐渐增加,并且在明中期形成高潮。[4] 逃避赋役、躲避饥荒、离家经商等是自发性人口流动的主要原因:"盖苏松之逃民,其始也皆因艰窘,不得已而逋逃。及其后也,见流寓者之胜于土著,故相煽成风,接踵而去不复再怀乡土。"[5]

再次,官营手工业逐渐衰落,民营手工业逐渐兴起。张瀚记录了官营手工业和民营手工业的结构调整路径:"今天下财货聚于京师,而半产于东南,故百工技艺之人亦多出于东南,江右为伙,浙、直次之,闽、粤又次之。西北多有之,然皆衣食于疆土,而奔走于四方者亦鲜矣。今辇毂之下,四方之人咸鳞集焉。其在官者,国初以工役抵罪,编成班次,有五年、四年一班者,有三年、二年、一年

---

[1] 张廷玉:《明史》卷77《食货一》,中华书局1974年版,第1880—1881页。
[2] 曹树基:《中国人口史》第四卷,复旦大学出版社2000年版,第235页。
[3] 张建民、周荣:《中国财政通史》第六卷《明代财政史》,湖南人民出版社2015年版,第20页。
[4] 参见吴量恺等:《中国经济通史》第七卷,湖南人民出版社2002年版,第460页;张兆裕:《对明代人口流动的若干认识》,《中国史研究》2014年第4期。
[5] 周忱:《与行在户部诸公书》,陈子龙等编:《皇明经世文编》卷22,《四库禁毁书丛刊》集部第22册,第290页上栏。

一班者。其造作若干、成器若干、廪饩若干,皆因其多寡大小而差等之,精粗美恶亦然,其大率也。自后工少人多,渐加疏放,令其自为工作,至今隶于匠籍。若闾里之间,百工杂作奔走衣食者尤众。"[1]

从需求端来看,首先,主要城市恢复商业繁荣,全国性市场逐步形成。有学者指出,15世纪初全国已经出现了顺天、应天、苏州等33个较大的商业和手工业比较发达的城市。[2] 这些城市分布于全国各地,且各具商业特色。可以说,明前期相对安定的统一局面,为国内商业的发展提供了广阔的空间。这是宋元时期不曾具备的条件。在明前期,特色商品可以销往全国各地,商业城市遍布全国各地,商人活动在全国范围内发生影响。可以说,明前期至明中期是商品经济发展、商人经营获利的黄金时期。

其次,以走私贸易为主的海上贸易,在严酷的政策环境下争得了一定程度的发展。在明太祖朱元璋"片板不得入海"[3]的祖制下,明前期的海上贸易遂以走私贸易的形式存在。政府多次重申海上贸易的禁令,间接印证了明前期至明中期走私贸易屡禁不止,并且日益增多。参与走私贸易的国内地区有"吴之苏、松,浙之宁、绍、温、台,闽之福、兴、泉、漳,广之惠、潮、琼、崖"[4]。走私贸易的交易范围"东则朝鲜,东南则琉球、吕宋,南则安南、占城,西南则满剌迦、暹罗……又久之,遂至日本矣"[5]。

再次,在人口流动逐渐增加的背景下,明前期至明中期逐渐出现了赋役不均和财政收入下降的问题。明前期财政制度的基础是以户贴、赋役黄册为核心的户籍制度,以鱼鳞图册为核心的地籍制度,以里长、甲首为核心的赋役征派制度。张建民、周荣指出,赋役黄册、鱼鳞图册及与之互为表里的里甲制度统辖着全国千百万分散的个体小农,构成朝廷赋税及徭役的征调和财政收入稳定来源的基础。[6] 然而,明前期至明中期出于不同原因的人口流动扰乱了赋役黄册、

---

[1] 张瀚:《松窗梦语》卷4《百工纪》,《治世余文·继世纪闻·松窗梦语》,中华书局1985年版,第76—77页。

[2] 参见吴量恺等:《中国经济通史》第七卷,湖南人民出版社2002年版,第323页。

[3] 张廷玉:《明史》卷205《列传第九十三》,中华书局1974年版,第5403页。

[4] 谢肇淛:《五杂俎》卷4《地部二》,中华书局1959年版,第118页。

[5] 同上书,第102页。

[6] 张建民、周荣:《中国财政通史》第六卷《明代财政史》,湖南人民出版社2015年版,第37页。

鱼鳞图册、里长甲首构成的财政制度,使得赋役不均、财政收入下降。工部右侍郎周忱形象地指出:"户虽耗而原授之田俱在……欲望其输纳足备而不逃去,其可得乎。忱恐数岁之后,见户皆去,而渐至于无征矣。"[1]

总的来说,明前期至明中期商品经济的供给端和需求端都发生了显著变化。在供给端,人口增长和人口流动引发产业结构调整,官营手工业逐渐衰落,同时民营手工业逐渐兴起。在需求端,国内商业恢复发展,海上贸易发展受到阻碍。财政收入下降削弱了政府的支出能力,政府亟须进行财政制度改革。比较可知,明初的商品经济和明中叶的商品经济是完全不同的两幅图景。在明初的商品经济中,供给端的人口流动受限,需求端的全国性市场尚未形成。在明中期的商品经济中,供给端的人口普遍流动,需求端的全国性市场基本形成。单从政府的角度来看,明初政府财政收入基本可以得到保障,明中期政府财政收入已经出现了下降的情况。

二、明前期至明中期货币供给的"循环困局"

(一)铜钱与纸钞的二维属性特点

货币既可以影响商品经济的供给端,也可以影响商品经济的需求端。明前期至明中期流通货币的供给主要是铜钱与纸钞。从交换媒介二维属性分析框架探讨明前期铜钱与纸钞的特点,需要结合明前期至明中期商品经济运行的变化。

面对人口普遍流动、民营手工业兴起、全国性市场逐步形成,铜钱暴露出流通性较差的缺点。第一,明前期铜钱的铸造量太少,不能满足市场流通的需要。保证流通环节有足够的货币是货币供给的最基本要求。明朝统一全国后,市场规模远大于宋元时期,明前期的铜钱铸造量却远不及宋代。[2]货币供给的短缺在一定程度上会影响商品交换的进行。第二,铜钱价值低、分量重,不适合远距离交易和大额交易。铜钱笨重,适合近距离交易和小额交易。明前期全国性

---

[1] 周忱:《与行在户部诸公书》,陈子龙等编:《皇明经世文编》卷22,《四库禁毁书丛刊》集部第22册,第292页上栏。

[2] 有学者指出,明代流通的铜钱中,明钱只占很小部分,大部分是唐宋钱,尤其是宋钱。参见彭信威:《中国货币史》,上海人民出版社2007年版,第475页。

第三章 "银为上币"说的建构:货币思想转型的第一阶段

市场基本形成,特色商品畅销全国。若继续使用铜钱交易极为不便,运输成本也较高。第三,铜钱种类繁多,质量各有差异,造成结算支付的混乱。明前期铸造的铜钱和历代铜钱兼行,此外还有私钱流入市场。结算支付过程中"伪钱盛行""拣选太甚",使得"小民勤劳,自朝至晡,所得佣直,不能养赡"[1]。成化十六年(1480年),政府下令"除伪造并破碎锡钱不用外,自余不问年代远近,无得拣选,违者治罪"[2]。

纸钞的流通性好于铜钱。首先,纸钞轻便容易携带,可以满足远距离交易和大额交易的需要,克服了铜钱价值低且笨重的缺点。其次,纸钞的发行量可以由政府进行调控。当流通中的货币量不足时,政府可以立即发钞满足市场的需求。这比铸造铜钱要快捷得多。再次,明代只发行一种宝钞,名义上统一了货币。虽然新钞和旧钞之间存在价差,但是这种做法仍在一定程度上降低了结算支付的难度。纸钞流通性较好正是洪武八年(1375年)发行大明宝钞的理由:"时中书省及在外各行省,皆置局以鼓铸铜钱。有司责民出铜,民间皆毁器物以输官鼓铸,甚劳。而奸民复多盗铸者。又商贾转易,钱重道远,不能多致,颇不便。"[3]

虽然纸钞在流通性上相比铜钱有所改善,但是纸钞的稳定性较差。大明宝钞发行无需发行准备金,发行量不受限制。当政府为满足财政支出而大量增发大明宝钞,大明宝钞的供给远超过需求就会形成严重的通货膨胀。一旦政府税收不愿意收钞,大明宝钞便失去了政府信用的支持。如此一来,加速了大明宝钞的贬值,严重阻碍市场规模的扩大和商品经济的发展。以大明宝钞形式存在的民间财富难以积累,从这个角度来说,增发大明宝钞就是政府通过铸币税掠夺民间财富的一种方式。发行过程中政府权力监管机制的缺失是大明宝钞最致命的缺陷。由于大明宝钞妨碍了商品经济的发展,不利于民间财富的积累,故明前期的钞法宣告失败。《明史》记载:"是时(嘉靖四年)钞久不行""(隆庆初)宝钞不用垂百余年"[4]。

---

[1] 《明宪宗实录》卷210。
[2] 同上。
[3] 《明太祖实录》卷98。
[4] 张廷玉:《明史》卷81《食货五》,中华书局1974年版,第1965、1967页。

值得注意的是,铜钱的购买力也可能发生波动,但铜钱的稳定性仍然好于纸钞。除私铸外,铜钱的铸造权一般由政府控制。当财政支出不足时,政府就会铸造虚值铜钱,导致铜钱购买力贬值和物价上涨。铜钱购买力的波动在一定程度上增加了商品交换的不确定性,同时也损害了铜钱持有者的利益。但是,虚值铜钱仍保有一定的含铜量,市场交易可把含铜量作为结算支付的标准。纸钞的贬值更为剧烈。洪武九年(1376年),每贯大明宝钞市价值铜钱1 000文。16年后的洪武二十五年(1392年),每贯大明宝钞市价值铜钱160文,贬值84%。正统十三年(1448年),每贯大明宝钞市价值铜钱已不足10文,70年间贬值99%。[1] 相形之下,铜钱的稳定性好于纸钞。

总的来说,根据交换媒介二维属性分析框架,铜钱与纸钞各有欠缺之处:铜钱稳定性一般、流通性较差,而纸钞流通性较好、稳定性较差。从明前期铜钱与纸钞的流通情况来看,单独流通铜钱或者单独流通纸钞都会降低交换效率,不利于商品经济的发展。

(二)铜钱与纸钞的"循环困局"

明前期至明中期的铜钱与纸钞都不是货币供给的最佳选择。铜钱是明代以前传统自然经济最基本的交换媒介。明前期为了发行大明宝钞,政府一度禁止铜钱流通。随着大明宝钞的增发和贬值,政府被迫放开铜钱流通的禁令。但是,明前期至明中期铜钱的流通秩序一直较为混乱。正如时人评价:"国家百典,上稽三代,下陋汉唐宋,乃独铸钱一事,自洪永迄今,阻格不甚行,而欲其富之埒古人乎,此愚所未解也。铸之不得其方,用之不仅其法,一或龃龉,辄曰钱法难行,吁亦过矣。"[2] 在明前期,先因铜钱流通不便而发行大明宝钞,后因大明宝钞增发贬值而流通铜钱。然而,此时的铜钱依旧不能满足市场流通的需要。

回溯宋元,铜钱流通性较差与纸钞稳定性较差的难题同样存在。纸钞本取法于唐代的飞钱。北宋以降,发行纸钞由一种民间信用行为转变成一种政府信用行为。纸钞轻便容易携带,又有政府信用为其合法性背书,宋元时期不乏认

---

[1] 参见彭信威:《中国货币史》,上海人民出版社2007年版,第494页。
[2] 郭子章:《钱法》,陈子龙等编:《皇明经世文编》卷420,《四库禁毁书丛刊》集部第28册,第436页上栏。

第三章 "银为上币"说的建构：货币思想转型的第一阶段

同纸钞流通性优于铜钱的言论。浙东安抚使辛弃疾的观点非常典型："今有人持见钱百千以市物货，见钱有搬载之劳，物货有低昂之弊；至会子，卷藏提携，不劳而运，百千之数，亦无亏折，以是较之，岂不便于民哉！"[1]同样，时人也指出了纸钞稳定性较差的弊端。兵部侍郎叶适描绘了南宋纸钞的流通情况："行旅至于都者，皆轻出他货以售楮。天下阴相折阅，不可胜计。"[2]值得一提的是，学者马端临指出铜钱与纸钞都不能满足市场流通的需要："楮弊而钱亦弊。昔也以钱重而制楮，楮实为便；今也钱乏而制楮，楮实为病。"[3]

比较宋元时期至明中期的货币流通情况可以发现，铜钱流通性较差与纸钞稳定性较差的难题具有连续性。宋元时期商品经济发展和铜钱纸钞流通的矛盾，从本质上讲与明前期并无二致。有观点主张使用货币本位的话语体系研究宋元时期的货币供给。[4]这类观点将两宋纸币的兴衰置于中国货币本位演进的过程之中，认为两宋纸币产生于低值货币向贵金属货币演进不畅的情况下，有着内在的不稳定性。货币本位的话语体系偏重制度变迁的外生因素，较少谈及交换行为对交换媒介的内生作用。更关键的是，沿用货币本位的话语体系无法解释中国货币制度在宋代达到信用本位的最高峰后又退回金属本位的原因。如果要贯通地解释宋元时期至明中期铜钱与纸钞的互动关系，应当从交换媒介二维属性的角度，探究交换行为对铜钱与纸钞的作用机理。

基于宋元时期至明中期的长时段视角，铜钱与纸钞形成了一个货币供给的"循环困局"；也就是说，由于铜钱与纸钞均无法同时满足流通性及稳定性，无论是铸造铜钱还是发行纸钞都不能取得令人满意的结果。传统自然经济分工程度低、市场规模小，交换行为限于近距离、小额交换，铜钱可以满足需要。随着市场规模扩大，远距离、大额的交换行为逐渐增多。铜钱遂暴露出数量少、笨重等流通性较差的缺点。于是，印制便捷、容易携带的纸钞便应运而生，弥补流通

---

[1] 辛弃疾：《论行用会子梳》，杨士奇等编：《历代名臣奏议》卷272，《景印文渊阁四库全书》第440册，第679页下栏。

[2] 叶水心：《叶适集》，中华书局1961年版，第660页。

[3] 马端临：《文献通考》卷9《钱币考二》，《景印文渊阁四库全书》第610册，第228页下栏。

[4] 参见高聪明：《论宋代商品货币经济发展的特点》，《宋史研究论丛》1999年第3辑；桑一丰：《两宋纸币兴衰之探源：一个演化视角的解释》，《国际商务》2013年第2期；管汉晖、钱盛：《宋代纸币的运行机制：本位、回赎、战争与通胀》，《经济科学》2016年第4期。

性。但是,纸钞的稳定性较差,政府缺乏严格的纸钞发行管理制度,增发纸钞容易导致纸钞贬值。极端情况下,交换行为可能因价格体系崩溃而难以进行。纸钞贬值迫使交换媒介转向具有一定金属材质的铜钱,弥补稳定性并重建价格体系。须知,此时的铜钱已经不能满足商品经济发展和市场规模扩大的需要。可以推测,当民众充分认知铜钱流通性较差的缺点后,纸钞将再次成为货币供给的选择。货币供给的"循环困局"反映了宋元时期至明中期货币制度的紊乱(见图3.1)。元末南康府同知王祎记述了流通货币的更迭:"自变法以来,民间或争用中统,或纯用至元,好恶无常。以及近时,又皆绝不用二钞,而惟钱之是用。"[1]明初学者叶子奇指出了纸钞与铜钱的变动原由:"当其盛时,皆用钞以权钱,及其衰叔,财货不足,止广造楮币以为费,楮币不足以权变,百货遂涩而不行,职此之由也。"[2]

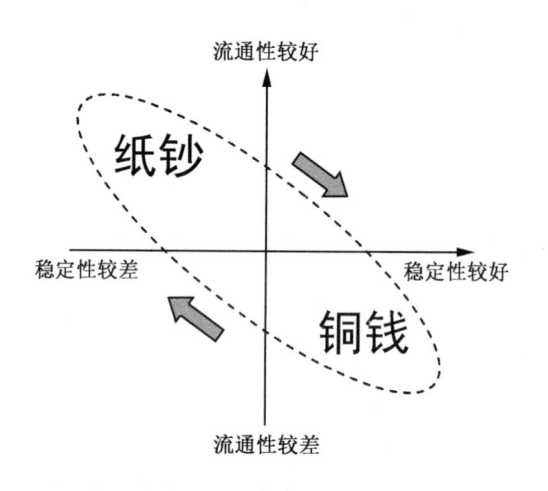

图 3.1 铜钱与纸钞的货币供给"循环困局"

交换媒介不能同时满足流通性与稳定性是货币供给"循环困局"的成因。政府在货币供给上试图调和铜钱与纸钞的优缺点,流通中也采取了分界、倒钞、增税收钞等办法管理纸钞供应量。然而,这些举措的收效是短暂的,政府超发纸钞的冲动并没有得到有效抑制,宋元时期以及明前期发行的纸钞均以严重贬

---

[1] 王祎:《王忠文集》卷15《泉货议》,《景印文渊阁四库全书》第1226册,第309页下栏。
[2] 叶子奇:《草木子》卷3《杂制》,《景印文渊阁四库全书》第866册,第780页上栏。

值而失败告终。总的来说,铜钱与纸钞的互动关系是不同流通性和不同稳定性的交换媒介循环替代,"循环困局"在流通货币仅有铜钱与纸钞可供选择的前提下是无法破解的。一旦出现了兼具流通性与稳定性的交换媒介,货币思想转型与货币制度变迁随即启动。这一新的交换媒介代表着货币思想转型和货币制度变迁的方向。这一新的交换媒介同铜钱与纸钞的互动关系,便是货币思想转型与货币制度变迁的路径特征。

第二节 "银为上币"说——一种复合型白银流通制度

除了铜钱与纸钞之外,明前期至明中期还有一部分白银流通。当铜钱与纸钞不能满足流通需要时,民众选择白银作为交换媒介。时人阐释了白银流通的合理性,并在此基础上设计白银流通制度。基于交换媒介二维属性分析框架,考察"银为上币"说的理论建构和传播,能够充分展现晚明时期货币思想转型在古代货币思想史中的独特地位。

一、关于白银作为主要流通货币合理性的讨论

在传统货币思想的理论体系中,铜钱与纸钞是讨论的重点,白银并非主要流通货币。明英宗放松禁止金银流通的政策,当时白银亦不凸显主要流通货币的地位,时人也未细究用银的合理性。成化、弘治以后,白银作为主要流通货币的合理性逐渐被人提出。论证白银作为主要流通货币的合理性大体有以下三种途径:

第一,从市场交易的直观角度横向论证白银优于其他类型交换媒介。刑部尚书王世贞[1]比较了米、钱、钞、银,认为白银是流通货币的最佳选择:"凡贸易金太贵而不便小用,且耗日多而产日少;米与钱贱而不便大用,钱近实而易伪杂,米不能久;钞太虚亦复有湿烂;是以白金之为币长也。"[2]货币的具体形态

---

[1] 王世贞(1526—1590),字元美,号凤洲,又号弇州山人,明代文学家、史学家。嘉靖二十六年(1547年)进士,先后任职大理寺左寺、刑部员外郎和郎中、山东按察副使青州兵备使、浙江左参政、山西按察使。万历时期历任湖广按察使、广西右布政使、郧阳巡抚、应天府尹、南京兵部侍郎、南京刑部尚书。

[2] 王世贞:《弇州史料后集》卷37《钞法》,《四库禁毁书丛刊》史部第50册,第25页下栏。

需要与社会经济发展阶段相适应。明代逐步建立起全国性市场,远距离、大额交易需要价值大的流通货币。从流通性的角度来看,白银优于金、米、钱。商人经营获利积累财富需要购买力稳定的流通货币。从稳定性的角度来看,白银优于纸钞。何平指出:"在明代,纸币流通完全没有基于经济规律和信用机制的相应制度保证来维持其稳定价值。另外,由于不能提供充足的规范铜钱导致大量劣质铜钱存在,形成了地域限制的流通习惯,这样尽管满足了基层社会的交易需要,但失去了价值基准的功能。在此情形下,白银货币便以基准货币的姿态在经济社会中占据主导地位,重构了明代货币结构。"[1]综合而言,白银最适合用作主要流通货币。

同王世贞的观点形成鲜明对比的是,吏部左侍郎靳学颜[2]认为白银"寒之不可衣,饥之不可食"[3],其与铜钱、海肥用于流通计价并无明显区别。海肥是一种贝壳,在云南被用作货币。靳学颜称:"铜钱亦贸迁以通用,与银异质而通神者,犹云南不用钱而用海肥,三者不同而致用则一焉。"[4]广西右布政使谢肇淛[5]的看法与靳学颜恰恰相反。谢肇淛认为,海肥价值极低且仅在云南使用,不便于流通计价。根据他的记载,海肥"其用以一枚为一妆,四妆为一手,四手为一缗,亦谓之苗。五缗为一卉,卉即索也,仅值银六厘耳"[6]。计算可知,80枚海肥值银六厘,13 000余枚海肥才能值银一两。因此,谢肇淛指出,海肥"但其数多,既不胜荷挚,而又易于破坏,缘其直甚轻,故亦不惜耳。输税于官,与银互入,而收之者又转易银以入帑,稍为不便云"[7]。考察靳学颜和谢肇淛的观点差异,靳学颜简单地认为货币的具体形态不影响其用于流通计价。事实上,白银与铜钱可在全国范围内流通,海肥的流通区域则受到很大的限制。白银与

---

[1] 何平:《传统中国的货币与财政》,人民出版社2019年版,第245页。
[2] 靳学颜(1514—1571),字子愚。历任南阳推官、吉安知府、太仆寺卿、光禄寺卿、右副都御史、山西巡抚、工部右侍郎、吏部左侍郎。
[3] 靳学颜:《讲求财用疏》,陈子龙等编:《皇明经世文编》卷299,《四库禁毁书丛刊》集部第26册,第470页上栏。
[4] 同上。
[5] 谢肇淛(1567—1624),字在杭。历任湖州、东昌推官,南京刑部主事,兵部郎中、工部屯田司员外郎。天启元年(1621年)任广西按察使,官至广西右布政使。
[6] 谢肇淛:《滇略》卷4《俗略》,《景印文渊阁四库全书》第494册,第135页上栏。
[7] 同上书,第135页下栏、第136页上栏。

铜钱的流通性优于海𧴪。在云南之外,海𧴪也不会被民众用于财富积累。白银作为主要流通货币的合理性论证需要从流通性与稳定性两个方面进行考虑。同其他类型交换媒介相比,白银最符合交换行为的要求。

第二,纵向考察古代流通货币的演进历史并揭示其逻辑线索。顾炎武分析了流通货币从铜钱经纸钞最后演变为白银的动态过程:"钞法之兴,因于前代未以银为币,而患钱之重,乃立此法。"[1]"今日上下皆银,轻装易致,而楮币自无所用。故洪武初欲行钞法,至禁民间行使金银,以奸恶论,而卒不能行。及乎后代,银日盛而钞日微,势不两行,灼然易见。"[2]货币制度变迁是渐进式的,后期流通货币弥补早期流通货币的某些缺陷方能推动货币制度向前进。从铜钱到纸钞的演变过程是铜钱太过笨重而国内白银存量不充裕的过渡策略。当国内白银存量大幅增加后,白银与纸钞高下立判。

《春明梦余录》记叙流通货币演进过程的同时,还分析了政府、商人、官员之间的利益关系调整。流通货币从纸钞向白银演变的过程中,政府税收改为收银,但政府支付仍以纸钞为主。这使得商人纳税负担沉重、官员俸禄日渐稀薄,纸钞难以为继:"国初禁金银不得交易,百文以上用钞,百文以下用钱,法至善也。自污吏不便于行钞,故钞法日废。而民间有换易之苦、水火之苦,故亦不甚便。有收课者,渐改钞而为银,收者为银,则用者愈阻。遂为一贯之钞法,值银一两者,而仅折银三二厘不等。商课日亏,官禄日薄,而祖宗之良法尽矣。"[3]流通货币的演变历史往往暗含着社会不同阶层之间的利益关系调整。在纸钞贬值的背景下,政府税收收银、支付用钞的做法难以持久。明中叶财政制度改革继续进行,政府支付用钞的做法被用银所替代。从政府、商人、官员之间利益关系调整的角度出发,能够更清晰地揭示流通货币演变的逻辑线索。

第三,反思货币政策实施过程中的弊端,寻找民众和政府赞同白银流通的原因。户部尚书邱浚认为,调控货币供应量的传统政策在实施过程中存在弊

---

[1] 顾炎武:《日知录》卷11《钞》,《景印文渊阁四库全书》第858册,第657页上栏。
[2] 同上书,第657页下栏。
[3] 孙承泽:《春明梦余录》卷38《钱法》,《景印文渊阁四库全书》第868册,第581页上栏。

端,其根源在于政府欲借助铜钱纸钞贬值征收铸币税。[1]邱浚指责铸造大钱是"徒以用度不足之故,设为罔利之计,以欺天下之人,以收天下之财,而专其利于己"[2]。增发纸钞是"以虚易实,以假博真……惟欲足吾用而不复顾义之可否,与民之有无"[3]。在古代,肆意增税违背儒家轻徭薄赋的信条,隐性的铸币税是政府惯用的财富掠夺工具。白银则不然,称量形态的白银价值由自身重量而不是法定规制决定。政府很难利用白银向民众征收铸币税,白银流通自然而然被民众所赞同。同时,禁止金银流通的政策放松后,政府税收改为收银在一定程度上也可以缓解财政赤字的压力。嘉靖二十七年(1548年),户部议复南京给事中郑维成等的回文中提到白银流通可增加财政收入:"国初开局制钞,总利权于上,通宝用于下,法严利溥。自钞法不行而国家匮颁之,用皆市诸京师积钞之家。展转收纳,烦费不赀。宜改用折色,岁可增储积数十万。"[4]从全社会的范围来看,白银流通可以说具有较好的接受度。

论证白银流通合理性的思想不再拘泥于货币"饥不可食、寒不可衣"的观点。从历史上看,货币"饥不可食、寒不可衣"观点的提出,目的之一是便于政府设计制定货币制度。西汉时期,御史大夫晁错提出:"夫珠玉金银,饥不可食、寒不可衣,然而众贵之者,以上用之故。"[5]显然,以"饥不可食、寒不可衣"为由,认为不同交换媒介对于商品交换具有相同影响的观点并不符合客观现实。单一地从政府设计制定货币制度的角度考察货币制度变迁,往往会忽略制度变迁过程中社会不同阶层之间的利益关系调整。更何况,称量形态的白银并不具备国家信用,不适合从政府设计制定货币制度的角度论证其流通的合理性。论证白银流通合理性的思想,从市场交易、演进历史、政策绩效等多角度加以考察,这在传统货币思想中是不曾见到的。靳学颜"寒之不可衣,饥之不可食"[6]的

---

[1] 邱浚(1421—1495),字仲深,明代中期思想家、史学家、政治家。历任翰林院编修、侍讲学士、翰林院学士、国子监祭酒、礼部尚书、文渊阁大学士等职。弘治七年(1494年)任户部尚书兼武英殿大学士。

[2] 邱浚:《大学衍义补》卷26《铜楮之币上》,京华出版社1999年版,第251页。

[3] 同上书,第258页。

[4] 《明世宗实录》卷337。

[5] 班固:《汉书》卷24《食货志上》,中华书局1962年版,第1131页。

[6] 靳学颜:《讲求财用疏》,陈子龙等编:《皇明经世文编》卷299,《四库禁毁书丛刊》集部第26册,第470页上栏。

观点仅仅是传统货币思想的拥趸,并无理论创见。王世贞、顾炎武等人跳出了政府设计制定货币制度的话语体系,从市场交易、演进历史等角度寻找白银作为主要流通货币的合理性,这也间接表明白银货币化的过程具有自下而上的特点。[1]

二、复合型白银流通制度的设计

在传统货币思想的理论体系中,货币制度设计呈现上、中、下三品的复合型特征。据《管子》记载,先秦时期的制度设计思路是"以珠玉为上币,以黄金为中币,以刀布为下币"[2]。经历宋元时期的纸钞发行后,白银在货币制度设计中的重要性日益显现。元末南康府同知王祎[3]提议铸造黄金与白金的钱币,和铜钱组成上、中、下三品的货币制度。白金即白银。王祎的制度设计思路为:"今诚使官民公私并得铸黄金白金为钱,因其质之高下轻重而定价之贵贱多寡,使与铜钱母子相权而行,当亦无不可者。且今公私贸易,苦于铜钱重不可致远,率皆挟用二余,籍使有司不明立之制而使之用,公私之间有不以之为用者乎。是则用白黄金白金为钱,与铜钱并行,亦所谓因其所利而利之者也。"[4]元末孔齐不仅提出了包含黄金、白银、铜钱的货币制度,而且考虑到三者的使用范围:"予尝私议,用三等。金银皆做小锭,分为二等,须以精好者铸成。面凿几两重,字旁凿监造官吏工人姓名。背凿每郡县名,上至五十两,下至一两重。第三等铸铜钱,止如崇宁当二文、大元通宝当十文二样。余细钱除五铢半两货泉等不可毁。……凡物,价高者用金,次用银,下用钱。钱不过二锭,盖一百贯也。银不过五十两,金不过十两,每金一两重准银十两,银一两准钱几百文。必公议铜价,工本轻重,定为则例可也。"[5]

在明中叶,基于白银作为主要流通货币的合理性论证,户部尚书邱浚设计了一种包含铜钱与纸钞的复合型白银流通制度——"以银为上币、钞为中币、钱为下币"的"三币之法"。邱浚的制度设计思路为:"臣请稽古三币之法,以银为

---

[1] 参见万明:《明代白银货币化的初步考察》,《中国经济史研究》2003年第2期。
[2] 黎翔凤:《管子校注》卷22《国蓄》,中华书局2004年版,第1279页。
[3] 王祎(1322—1374),字子充,号华川。历任中书省掾、侍礼郎、知南康府事、漳州府通判。
[4] 王祎:《王忠文集》卷15《泉货议》,《景印文渊阁四库全书》第1226册,第311页上栏、下栏。
[5] 孔齐:《静斋至正直记》卷1《楮币之患》。

上币,钞为中币,钱为下币。以中下二币为公私通用之具,而一准上币以权之焉。盖自国初以来,有银禁,恐其或阂钱钞也。而钱之用,不出于闽广。宣德、正统以后,钱始用于西北。自天顺、成化以来,钞之用益微矣。必欲如宝钞属镪之形,每一贯准钱一千、银一两,以复初制之旧,非用严刑不可也。然严刑非圣世所宜有。夫以法治民之形,可行于一时,不若以理服民之心,可施于悠久也。盖本天之理,制事之宜,以为民之利。因时立法,随时以处中,圣贤制事之权也。窃以为今日制用之法,莫若以银与钱钞相权而行,每银一分易钱十文。新制之钞,每贯易钱十文。四角完全未中折者,每贯易钱五文,中折者三文,昏烂而有一贯字者一文。通诏天下以为定制而严立擅自加减之罪。虽物生有丰歉,货直有贵贱,而银与钱钞交易之数一定而永不易。行之百世,通之万方。如此,则官籍可稽而无那移之弊,民志不惑而无欺绐之患,商出途、贾居市皆无折阅之亏矣。既定此制以后,钱多则出钞以收钱,钞多则出钱以收钞。银之用,非十两以上禁不许交易。银之成色以火试白者为准。宝钞铜钱,通行上下而一权之以银,足国便民之法盖亦庶几焉。臣愚私见如此,盖因其可行不可行之两端,量度以取中而取裁于上,非敢自以为是而辄变成法也。可行与否,请询之众论而断以圣心。"[1]

具体而言,邱浚设计"以银为上币"的复合型白银流通制度主要有以下三方面具体内容:

第一,货币制度设计受到传统货币思想的路径依赖影响,同时又有所创新。上、中、下三品的货币制度早已有之。邱浚沿袭货币制度设计的传统思路对"三币之法"的内部关系加以改进,首次把白银列为上币,纸钞和铜钱分别与白银保持一定的兑换比例。邱浚把白银列为上币的理由是"铜楮二者为币而不准以金银,是以用之者无权,而行之既久,不能以无弊"[2]。从交换媒介二维属性分析框架来看,铜钱流通性较差,纸钞稳定性太差。把白银列为上币的实质是借助铜钱、纸钞与白银之间的兑换关系,弥补两者的缺陷。这也是邱浚所说"因其可行不可行之两端,量度以取中"的现实意义。显然,同宋元时期相比,白银在货

---

[1] 邱浚:《大学衍义补》卷27《铜楮之币下》,京华出版社1999年版,第259、260页。
[2] 同上书,第259页。

币制度设计中的重要性人人提升。在元末王祎、孔齐设计的货币制度中,贵金属货币不仅有白银,而且有黄金。相较于白银,黄金币值更为高昂,日常交易使用也更少。比较白银和黄金的流通性可知,白银比黄金更适合在日常交易中用于稳定纸钞和铜钱的币值。因此,在邱浚设计的货币制度中,贵金属货币保留白银而剔除黄金。

需要注意的是,明前期国内白银开采量有限。从商品经济发展和市场规模扩大的角度来看,明中叶白银也存在流通性较差的问题。王裕巽统计了明前期国内白银开采数额:洪武朝开采白银总额为 775 770 余两,建文朝开采白银总额为 75 070 两,永乐朝开采白银总额为 4 894 898 两,宣德朝开采白银总额为 2 380 858 两。正统至正德六朝开采白银总额为 4 406 700 余两。王裕巽指出,在明中期,白银发展为普遍流通的法定货币的过程中,明代商品货币经济发展水平也逐渐达到中国封建社会经济史上前所未有的高度,仅凭国内开采所增加的区区之数,是远远不足社会白银周转之需的,缺口很大。[1] 明前期国内白银开采量有限是自然资源的条件约束。在不存在海外白银流入的条件下,仅仅依靠人力开采无法增加国内白银存量。这意味着,白银的稳定性较好,但流通性较差。若要维护白银的长期流通,并且满足商品经济发展和市场规模扩大的需要,相关制度设计需要弥补国内白银流通性较差的缺陷。因此,在邱浚设计的"三币之法"中,白银、纸钞和铜钱分别承担不同的职能,需要采取不同的管理办法。

第二,"以银为上币"的"三币之法"采用一种以交易额为标准的分层级管理办法。按邱浚的规划,"以中下二币为公私通用之具,而一准上币以权之焉";"钱多出钞以收钱,钞多则出钱以收钞,银之用非十两以上禁不许以交易"。这种管理办法看似带有白银与铜钱纸钞子母相权的传统思想特点,但实践上有显著差异。传统子母相权的含义是不同货币按比例自由兑换,例如元末孔齐提出的"每金一两重准银十两,银一两准钱几百文"。邱浚所说"相权"的独特之处在于,白银不是日常使用的流通货币,只有当交易金额达到十两以上时才可使用白银。政府调控货币供应量的主要手段仍然是用钞收钱或用钱收钞。这意味

---

[1] 王裕巽:《明代白银国内开采与国外流入数额试考》,《中国钱币》1998 年第 3 期。

着白银与铜钱、纸钞的按比例兑换增添了制度性的限制条件,同时也间接印证了明前期白银供应量的不足。

比较邱浚和元末孔齐的流通货币管理办法可以发现,邱浚提出"以银为上币"的"三币之法"是一个有机整体,白银、纸钞和铜钱三者缺一不可。邱浚和孔齐都认识到不同种类的货币适用于不同交易额的场合,应当加以区分。因此,二人都非常重视流通货币管理办法的规划。区别在于,邱浚为日常使用国内供应量不足的白银设置了明确的交易额限制条件,以弥补白银流通性较差的缺陷。孔齐虽然提出"价高者用金、次用银、下用钱"的观点,但并未设置明确的交易额限制条件。换言之,孔齐规划的管理办法无法弥补白银甚至黄金流通性较差的缺陷。进一步讲,邱浚设置使用白银的交易额限制条件,并强调"银与钱钞交易之数,一定而永不易",其目的是让白银发挥稳定纸钞和铜钱币值的作用。而在孔齐规划的管理办法中,黄金、白银和铜钱之间仅有不稳固的兑换关系,并无某种货币发挥稳定其余两种货币币值的作用。从这个意义上讲,邱浚提出以交易额为标准的分层级管理办法,契合了明前期白银供应量不足的货币流通环境,是古代货币思想史上的一种新观点。

第三,限制政府滥发纸钞是复合型白银流通制度和分层级管理办法的实际目标。在明中叶,国内白银存量不充裕的问题无法得到解决。根据邱浚的设想,白银也不是日常使用的流通货币,铜钱与纸钞才是日常使用的流通货币,即"以中下二币为公私通用之具,而一准上币以权之焉"。从这个角度而言,邱浚设计"以银为上币"的"三币之法",其实际目标仍然是改良纸钞。邱浚指出了传统货币流通管理思想的学理纰漏:"患轻则作重,患重虽作轻,而亦不废重焉。子可废而母不可废,故也。"[1]"子""母"能够相权的前提是"母不可废",然而在货币政策执行过程中,"母"币也会变成"子"币,政府反复调控增加"母"币无助于稳定币值。古代没有中央银行制度,政府难以严格管理纸钞的供应量,民众对政府的信心是维持货币购买力的决定性因素。一旦形成纸币贬值预期,就会对商品经济运行产生极大的威胁:"民初受其欺,继而畏其威,不得已而黾勉从

---

[1] 邱浚:《大学衍义补》卷26《铜楮之币上》,京华出版社1999年版,第250页。

之。行之既久,天定人胜,终莫之行。"[1]虽然邱浚把白银列为上币,但如果政府增发的纸钞无法按一定的比例兑换成白银,纸钞贬值仍然无法避免。

比较王祎和邱浚的货币制度设计思想,两者在制度设计方案上有明显的区别,但是制度设计理念是相近的。王祎主张铸造黄金与白金的钱币;邱浚主张把白银列为上币,纸钞与铜钱分别同白银保持一定的兑换比例。王祎的设计理念是"因其所利而利之者也"。邱浚的设计理念是"制事之宜,可以为民之利";"因时立法,随时以处中"。王祎和邱浚都强调顺应民众追求自身利益的诉求。白银价值高,轻便易携带,较为适合远距离、大额交易和财富积累。利用白银改良货币制度确实是可供研究的一个方向。同时须重视,白银的供应量不足妨碍其流通性的改善,王祎和邱浚的设计方案也难以缓解政府财政赤字。铸造黄金和白金的钱币不仅无法满足市场流通的需要,而且可能引发政府铸造虚值大钱的弊端。邱浚"以银为上币"的"三币之法"不能剔除纸钞,但纸钞与白银保持一定的兑换比例并不能限制政府增发纸钞;也就是说,王祎和邱浚的制度设计方案都不能打破铜钱与纸钞的货币供给"循环困局"。故而,邱浚最后说道:"非敢自以为是,而辄变成法也";"可行与否,请询之众论,而断以圣心"。这表明他本人对于"以银为上币"的"三币之法"实施效果并不确定。

三、复合型白银流通制度的改良

户部尚书邱浚提出"以银为上币"的"三币之法"在明中叶至明末具有较大的社会影响力。一方面,孝宗即位后,邱浚呈送《大学衍义补》一书,"有诏嘉奖"。邱浚自称该书所载"皆可见之行事",奏请"摘其要者,下内阁议行","帝报可"。另一方面,"三币之法"在民间同样广为传播,被《经世八编》《名臣经济录》《古今治平略》《西园闻见录》等多部书籍收录。万历时,"复合梓行",神宗"亲为制序""甚重其书"[2]。

在"以银为上币"的"三币之法"传播过程中,有观点对复合型白银流通制度的设计加以调整并进一步阐明其现实应用的局限性。明末政府商议发行纸钞,

---

[1] 邱浚:《大学衍义补》卷27《铜楮之币下》,京华出版社1999年版,第259页。
[2] 纪昀、陆锡熊等:《大学衍义补提要》,邱浚:《大学衍义补》,京华出版社1999年版,第1页。

钱秉镫[1]借鉴邱浚"以银为上币"的"三币之法",提出了复合型白银流通制度的改良方案:"当立法定制,每钱一千直银一两,钞一贯直钱一千,而银以五十两为锭。三者相权而行,零用则钱,整用则钞,满五十两始用银。钱多折钞,钞多折银,而碎银以代钱钞之用者罪之。有司征收民粮亦以是为则。至于关榷,本名钞关,祖制钱钞皆收,钱十之三,钞十之七,未有征银之例。各关专设一钞务,以俟商至,用银买钞输关。银钞循环,亦朝三暮四之术,但务在钞之转易不穷,而商人交纳亦免吏胥之争。银色较锱铢固所便也,盐课亦然如此,则钞庶可行乎？愚故曰,钱法惟在禁铜,钞法惟在禁银。禁铜,人以为迂谈,禁银则世以为怪论。然不如此,恐终不能行也。"[2]

钱秉镫设计的"三币之法"和邱浚设计的"三币之法"既有相似之处,又有不同之处。相似之处在于：第一,钱秉镫提出的复合型白银流通制度同样包含白银、纸钞、铜钱三种货币；第二,钱秉镫也提出了以交易额为标准的分层级管理办法,即"零用则钱,整用则钞,满五十两始用银"。不同之处在于：第一,钱秉镫将白银使用的交易额标准调整为五十两,远高于邱浚提出的十两；同时,他还要求"碎银以代钱钞之用者罪之"。虽然钱秉镫没有明确提出白银不是"三币之法"中日常使用的流通货币,但是五十两的交易额标准远高于日常小额交易的需要。这也间接表明在他设计的"三币之法"中,日常使用的流通货币仍然是铜钱与纸钞。第二,钱秉镫认为,政府调控纸钞供应量的主要手段是"钞多折银"。而邱浚认为,政府调控纸钞供应量的主要手段是"钞多,则出钱以收钞"[3]。根据邱浚的设计,白银仅仅是稳定币值的参照。而在钱秉镫看来,白银是政府调控纸钞供应量必不可少的手段；也就是说,钱秉镫认为,用钱收钞无助于政府调控纸钞供应量。第三,基于"钞多折银"的观点,钱秉镫还主张利用关榷和盐课回笼纸钞,以维护纸钞的正常流通。何平称这一主张为钱秉镫特别设定的"银钞循环"机制,让钞关、盐课成为必须使用纸钞的基础设施,避免专用白银导致

---

[1] 钱秉镫(1612—1694),字幼光,号田间。历任南明隆武朝延平府推官、永历朝礼部精膳司主事、翰林院庶吉士、翰林院编修。

[2] 钱秉镫:《田间文集》卷7《钱钞议》,《续修四库全书》第1401册,第98页上栏。

[3] 邱浚:《大学衍义补》卷27《铜楮之币下》,京华出版社1999年版,第260页。

纸钞退出市场。[1]

需要注意的是，钱秉镫进一步阐释了运用复合型白银流通制度改良纸钞的局限性。从制度设计的实际目标来看，钱秉镫与邱浚一致，都是改良纸钞。钱秉镫同样认识到纸钞的弊端。他指出，政府增发纸钞使得纸钞购买力贬值是钞法败坏的缘由："有司又以出钞为利，入钞为讳，钞不上行，徒以愚民，此钞法所由坏也。"[2]钱秉镫一方面主张利用关榷和盐课回笼纸钞，另一方面又形容这一办法为"朝三暮四之术"。在钱秉镫看来，政府发行纸钞需要实施禁银的政策，即"钞法惟在禁银"。然而，维持纸钞的正常流通又需要使用白银回笼纸钞，所以有"禁银则世以为怪论"的现象。从复合型白银流通制度的现实应用来看，为了确保纸钞的发行和流通，政策需要在禁止白银流通和允许白银流通之间来回转换。事实上，禁止白银流通和允许白银流通的政策矛盾在邱浚设计的复合型白银流通制度中同样存在。邱浚将白银用作稳定币值的参照，将用钞收钱或用钱收钞视为政府调控货币供应量的主要手段，其本意就是避免"钞法惟在禁银"的政策矛盾。从这个意义上讲，钱秉镫深刻地认识到了邱浚"以银为上币"的"三币之法"在现实应用中的局限性。

总的来说，钱秉镫设计的"三币之法"是以邱浚设计的"三币之法"为蓝本。在复合型白银流通制度的主要特征上，钱秉镫与邱浚基本相同。就复合型白银流通制度的现实应用而言，钱秉镫指出了政府发行纸钞、调控纸钞供应量的政策矛盾。可以看出，明中叶关于白银流通的货币制度设计思想不再简单地借鉴《管子》记载的"三币之法"。在明前期，国内白银存量不足。在商品经济发展和市场规模扩大的背景下，国内白银流通性较差的缺陷一直存在，流通性较好的货币只有纸钞。以"银为上币"说为代表的复合型白银流通制度设计思想更注重通过设置使用白银的交易额标准，以弥补国内白银流通性较差的缺陷并维护纸钞的正常流通。

当代研究多从本位币角度来讨论户部尚书邱浚"以银为上币"的"三币之法"理论特征。一类观点认为，邱浚"以银为上币"的"三币之法"是具有近代货

---

[1] 何平：《明代中后期货币"使用处方"的转变——从"重钱轻银""行钞废银"到"三者相权"》，《中国钱币》2020年第5期。
[2] 钱秉镫：《田间文集》卷7《钱钞议》，《续修四库全书》第1401册，第97页下栏。

币制度色彩的本位币制度。胡寄窗指出,邱濬主张以银为基础的三本位制,虽不一定就算是真正的银本位制,但至少白银也是货币本位的一种。[1] 萧清指出,邱濬建议实行的这种以银为主要流通货币的制度,银与铜钱并非严格意义的主辅币关系,铜钱并无支付额上的限制,而且是足值的货币。这样,实际就形成了银、铜复本位的关系。[2] 赵靖指出,邱濬企图以银为基础建立一种银、钱、钞三者相统一的货币制度,他设计的这种币制,在某些方面已多少具有近代货币制度的色彩。[3] 另一类观点则提出,就研究方法的合理性而言,从本位币的角度诠释邱濬"以银为上币"的"三币之法"值得商榷。彭信威指出,中国古代的各种货币都是主币,几种货币之间没有固定比率,与常见的本位制度有较大区别。[4] 何平将邱濬"以银为上币"的"三币之法"与本位制的基本理念做比较。他指出,两者的根本不同在于本位制的技术设定是镶嵌在西方近代社会制度建构的整体演进中,然而邱濬"以银为上币"的"三币之法"是在专制集权背景下提出的。[5]

货币本位是近代西方出现主权国家以后提出的货币理论概念,明前期的白银流通并不能体现政府垄断货币发行权。诚如彭信威、何平所说,邱濬"以银为上币"的"三币之法"理论特征与本位币制度存在明显的不同。事实上,铜钱、纸钞、白银组成的传统货币市场更像是竞争性货币市场。弗里德曼把通货膨胀与货币流通联系在一起,即通货膨胀在任何时空下都是一种货币现象。因此,笔者认为,从通货膨胀这一具有普遍意义的角度来诠释邱濬"以银为上币"的"三币之法"理论特征更为恰当。在邱濬、钱秉镫等人的思想中,铸大钱、权纸钞都是政府通过通货膨胀缓解财政赤字的政策,在集权体制下甚至是君王"阴谋潜夺之术,以无用之物而致有用之财,以为私利"[6]的恶劣行径。明中叶以后,全国范围内兴起了多个商业市镇和区域产业中心。抑制通货膨胀、维护商品经济运行是民众的诉求。邱濬"以银为上币"的"三币之法"理论特征不在于晚明时

---

[1] 参见胡寄窗:《中国经济思想史》第三卷,上海财经大学出版社1998年版,第350页。
[2] 参见萧清:《中国古代货币思想史》,人民出版社1987年版,第261页。
[3] 参见赵靖:《中国经济思想通史》第四卷,北京大学出版社2002年版,第55—56页。
[4] 参见彭信威:《中国货币史》,上海人民出版社2007年版,第6页。
[5] 何平:《白银走上主导货币舞台的步伐与明中期的"邱濬方案"》,《中国钱币》2020年第3期。
[6] 邱濬:《大学衍义补》卷27《铜楮之币下》,京华出版社1999年版,第259页。

期初具银本位观念,而在于它首次设计了利用白银管理通货膨胀的货币制度。从这个角度来说,晚明时期货币思想转型和货币制度变迁反映了政府增发货币获取铸币税和民众维护财富积累之间的利益关系调整。

第三节 货币思想转型第一阶段的特征

从古代货币史来看,白银在中国流通的历史非常悠久。汉武帝时期政府便使用银锡铸造货币。《史记》记载:"造银锡为白金。以为天用莫如龙,地用莫如马,人用莫如龟,故白金三品:其一曰重八两,圆之,其文龙,名曰'白选',直三千;二曰以重差小,方之,其文马,直五百;三曰复小,撱之,其文龟,直三百。"[1]宋元时期以及明前期政府发行纸钞,白银在当时并不是主要流通货币。然而,在宋元时期至明中期的货币流通过程中,铜钱与纸钞形成了货币供给的"循环困局"。在明中叶,国内白银存量仍不充裕,时人便思考利用白银改良货币制度。晚明时期货币思想转型的第一阶段随之开启。晚明时期货币思想转型第一阶段的特征主要包括以下三个方面:

第一,传统货币思想无法提供铜钱与纸钞"循环困局"的解决方案,晚明时期货币思想转型第一阶段的突破口是寻找可用于改良货币制度的其他交换媒介。宋元以降,发行纸钞的本意就是改良货币制度。相比于铜钱,纸钞的改良之处令人称道:"举方尺腐败之券,而足以奔走一世,寒藉以衣,饥藉以食,贫藉以富,盖未之有。然铜重而楮轻,鼓铸繁难而印造简易,今舍其重且难者,而用其轻且易者,而又下免犯铜之禁,上无搜铜之苛,亦一便也。"[2]但是,纸钞稳定性较差的缺点使得货币制度的改良并未成功。礼部左侍郎刘定之[3]详细地总结了古代货币史上铜钱与纸钞的弊端。刘定之认为,"自周以来率用钱",铜钱的弊端在于"轻重不中":"夫钱轻则物必重,而有壅遏不行之患。钱重则物必轻,而有盗铸不已之忧。""自宋以来率用褚",纸钞的弊端在于"贵贱不中":"夫

---

[1] 司马迁:《史记》卷30《平准书第八》,中华书局1959年版,第1427页。
[2] 马端临:《文献通考》"自序",《景印文渊阁四库全书》第610册,第10页下栏。
[3] 刘定之(1409—1469),字主静,号呆斋。历任翰林编修、太子洗马、太常少卿、工部右侍郎兼翰林学士、礼部左侍郎。

少造之则钞贵,而过少则不足于用。多造之则钞贱,而过多则不可以行。"[1]就货币供给而言,传统货币思想的主张只有铸造铜钱与发行纸钞两种。因此,晚明时期的货币思想迫切需要寻找可用于改良货币制度的其他交换媒介,以求理论重构。

值得一提的是,传统货币思想中有一类主张将谷帛用作货币的观点。这类观点在南北朝时期较为多见。例如,有观点认为:"农桑者,实民之命,为国之本,有一不足,则礼节不兴。若重之,宜罢金钱,以谷帛为赏罚。"[2]另有观点认为:"钱虽盈尺,既不疗饥于尧年;贝或如轮,信无救渴于汤世,其蠹病亦已深矣。固宜一罢钱货,专用谷帛,使民知役生之路,非此莫由。"[3]南北朝时期是社会秩序不稳定的特殊时期,主张将谷帛用作货币的观点并非出于经济因素的考虑。在明前期,将谷帛用作货币显然不符合商品经济发展和市场规模扩大的要求。诚如户部尚书邱濬所说:"今分谷帛以为货,则致损甚多。劳毁于商贩之手,耗弃于割截之用。……苟或偏方下邑,有裂布帛,捐米谷以代钱用者,官府尚当为之禁制,况立为之法乎。"[4]因此,主张将谷帛用作货币的观点对于明中叶探讨货币供给问题并无借鉴意义。

第二,明前期禁止金银流通的政策逐步放松,晚明时期货币思想转型第一阶段遂尝试将白银作为突破口。明前期,政府为了维护大明宝钞的流通,一度禁止金银流通。洪武八年(1375年),"禁民间不得以金银物货交易,违者治其罪。有告发者就以其物给之,若有以金银易钞者听"[5]。永乐元年(1403年),"以钞法不通,下令禁金银交易,犯者准奸恶论,有能首捕者,以所交易金银充赏。其两相交易而一人自首者免坐,赏与首捕同"[6]。按《明史》记载,禁止金银流通的政策转折点是明英宗时期。明英宗即位后,"驰用银之禁""朝野率皆用银"[7]。张宁指出,正统元年(1436年)是中国货币史上的一个分水岭。前一

---

[1] 刘定之:《刘文安公呆斋先生策略》卷6《户科》,《四库全书存目丛书》第34册,第338、339页。
[2] 沈约:《宋书》卷82《列传第四十二》,中华书局1974年版,第2093页。
[3] 沈约:《宋书》卷56《列传第十六》,中华书局1974年版,第1565页。
[4] 邱濬:《大学衍义补》卷26《铜楮之币上》,京华出版社1999年版,第251页。
[5] 《明太祖实录》卷98。
[6] 《明成祖实录》卷19。
[7] 张廷玉:《明史》卷81《食货五》,中华书局1974年版,第1964页。

年十二月,驰用银之禁。当年,允许南方数省起运税粮折银和库储粮粜银,事实上解除了银禁。[1]

需要注意的是,明前期禁止金银流通的政策逐步放松后,白银的流通确实有所增多,但尚不足以对货币制度产生根本性影响。邱永志指出,在明前期制度层面的公领域,白银仅是实物劳役型财政体制下诸多折色物中的一种,与布帛、丝绢、米麦、黄金等实物区别不大。在民间社会的私领域,白银也仅是多元通货中的一种,属于并非先进的民间实物货币范畴。无论是对财政体制还是民间经济而言,白银的流通状况折射出明前期浓厚的实物主义特征。[2]也就是说,白银流通可以尝试作为改良货币制度的突破口,但成功与否存在不确定性。

第三,若将白银作为晚明时期货币思想转型第一阶段的突破口,那么传统货币思想中的流通货币管理办法必须重新规划。由于宋元时期至明中期没有兼具流通性与稳定性的交换媒介可供选择,因此传统货币思想只能规划相应的流通货币管理办法加以调和优化。一种思路是借助铜钱提高纸钞的稳定性、借助纸钞提高铜钱的流通性。做法是发行纸钞时设置准备金,并规定铜钱与纸钞的兑换比例。北宋发行纸钞,"大凡旧岁造一界,备本钱三十六万缗,新旧相因","宣和中,商英录奏当时所行,以为自旧法之用,至今引价复平"。[3]另一种思路是借助政府信用提高纸钞的稳定性,铜钱与纸钞不再挂钩。铜矿开采量短期难以增加,在可兑换纸钞制度下,铜供应不足制约了政府发行纸钞的能力。元代纸钞与大明宝钞皆是不可兑换纸钞,不设钞本。此时,政府信用就是纸钞稳定性的关键。元初按察使胡祗遹指出:"钞代百物之交易,所恃者信也,一失其信,民莫从之";"以新换旧,徒失其信,积钞之家,不胜其损,破家坏产。"[4]从交换媒介的二维属性分析,传统货币思想管理流通货币的特点是退而求其次地在纸钞的流通性与铜钱的稳定性之间求取一个制度平衡点。若将白银作为晚明时期货币思想转型第一阶段的突破口,新的货币制度则包含白银、纸钞和铜钱三者。白银稳定性较好、流通性较差,纸钞流通性较好、稳定性较差,铜钱流

---

[1] 张宁:《15—19世纪中国货币流通变革研究》,中国社会科学出版社2018年版,第50页。
[2] 邱永志:《论明代前期白银的"双轨"流通及其内涵》,《思想战线》2017年第5期。
[3] 脱脱等:《宋史》卷181《食货下三》,中华书局1977年版,第4405、4406页。
[4] 胡祗遹:《紫山大全集》卷22《宝钞法》,《景印文渊阁四库全书》第1196册,第385页上栏。

通性较差、稳定性一般。如何在白银的稳定性、纸钞的流通性以及铜钱的稳定性之间求取一个制度平衡点，是晚明时期货币思想转型第一阶段中规划流通货币管理办法的难点。

总的来看，户部尚书邱浚提出"以银为上币"的"三币之法"推动了晚明时期货币思想转型的第一阶段。在传统货币思想中，可供选择的流通货币只有铜钱与纸钞。在邱浚"以银为上币"的"三币之法"中，流通货币包括白银、铜钱和纸钞三者。比较货币制度的设计和流通货币的管理办法，邱浚"以银为上币"的"三币之法"与传统货币思想也有明显的不同。姚遂探讨了这一转型路径的理论意义。一方面，从商品经济的发展来看，邱浚在黄金和白银中间明确提出以白银为价格标准、试图稳定铜钱与纸钞的购买力，不啻符合当时商品货币经济发展水平的要求。[1] 另一方面，从货币制度的设计来看，白银主导的货币体系使明代在1581年后发生了价值基准的根本转换，从而将中国古代的货币历史划分为前后分明的两个时期。邱浚的论述充分反映了当时货币结构变化的趋势。[2] 诚然，邱浚提出"以银为上币"的"三币之法"在晚明时期货币思想转型第一阶段中具有重要的理论意义。笔者更强调，从国内白银存量的不足和货币思想转型的不确定性等角度来阐释这一转型路径的理论意义。在明前期，国内白银开采量有限制约了白银流通性较差的改进。为了弥补国内白银流通性较差的缺陷，同时维护纸钞的正常流通，邱浚设计复合型白银流通制度并规划以交易额为标准的分层级管理办法。这一转型路径虽然符合当时商品货币经济发展水平的要求，但是实际施行的政策绩效存在不确定性；也就是说，晚明时期货币思想转型第一阶段的理论意义大于现实意义。如果国内白银存量大幅增加弥补了白银流通性较差的缺陷，不仅邱浚"以银为上币"的"三币之法"将面临调整，而且晚明时期货币思想转型的第二阶段也会随之开启。显然，倘若忽视国内白银存量的不足和货币制度变迁的不确定性，那么晚明时期货币思想转型的第一阶段和第二阶段则难以区分。

---

〔1〕 参见姚遂：《中国金融思想史》，中国金融出版社1994年版，第207页。
〔2〕 参见何平：《传统中国的货币与财政》，人民出版社2019年版，第251页。

第四章 "银钱两权"说的调整：货币思想转型的第二阶段

进入16世纪，日本白银和美洲白银先后大量涌入中国，国内白银存量大幅增加。海外白银大量涌入中国，对国内流通货币的演变产生了显著影响，并且开启了晚明时期货币思想转型的第二阶段。时人对邱浚设计的复合型白银流通制度加以调整，在此基础上形成了"银钱两权"说。本章考察"银钱两权"说的形成契机和货币制度调整方案，并比较了思想转型第一阶段和第二阶段的异同，进而揭示晚明时期货币思想转型的理论内涵。

第一节 货币思想转型第二阶段的契机

海外白银大量涌入中国是晚明时期货币思想转型划分为两个阶段的分界点。针对外银内流对晚明时期货币制度变迁的影响，学术界提出了不同的观点。从交换媒介二维属性分析框架来看，转型第一阶段的白银流通性较差、稳定性较好。转型第二阶段的白银是兼具流通性与稳定性的交换媒介。比较外银内流的数量和国内白银存量的差异，运用交换媒介二维属性分析框架考察明中期前后白银的特征差异，有助于揭示晚明时期货币思想转型第二阶段的历史契机。

一、外银内流的数量分析

在16世纪,日本白银和美洲白银先后流入中国。最初,日本白银流入中国的途径是走私贸易。明朝政府设置的日本朝贡条件是"贡期限十年,人不过百,舟不过三"[1]。但这并不能满足日本的需要,"其人利互市,留海滨不去";"内地诸奸利其交易,多为之囊橐,终不能尽绝"。[2] 在与日本的对外贸易中,福建人参与较多。嘉靖二十六年(1547年),朝鲜岠咨称:"福建人从无泛海至本国者,因往日本市易,为风所漂,前后共获千人以上。"[3]中国物产丰富但产银较少,日本物产短缺但产银丰富。白银在中国的购买力比日本高,中国金银比价为1∶8至1∶10,日本金银比价为1∶13。[4] 因此,日本白银就成了中国商人争相交易的目标。

除了日本白银外,美洲白银在16世纪中叶也通过全球航路流入中国。当时,葡萄牙占据澳门,并以澳门为据点开展往来印度、日本、菲律宾的贸易。《明史》记载,葡萄牙"纵横海上无所忌。而其市香山澳、壕镜者,至筑室建城,雄踞海畔,若一国然"[5]。葡萄牙通过印度果阿至澳门的航路和菲律宾马尼拉至澳门的航路向中国输入美洲白银,通过日本长崎至澳门的航路向中国输入日本白银。葡萄牙输出的中国商品主要是生丝与丝织品。据统计,万历八年至十八年(1580—1590年),每年运往印度果阿的生丝达3 000余担,值银24万克鲁沙多。每年运往日本长崎的中国商品值银60万~100万克鲁沙多,万历末期有时可达300万克鲁沙多。[6] 同样是在万历时期,西班牙攻占菲律宾南部诸岛和吕宋岛,开始在马尼拉经营大帆船贸易。西班牙通过墨西哥阿卡普尔科和菲律宾马尼拉的航路向中国输入美洲白银,同时将瓷器、生丝、粮食等中国商品运往菲律宾和墨西哥。据统计,万历十四年至十八年(1586—1590年),马尼拉海关

---

[1] 张廷玉:《明史》卷322《外国三》,中华书局2000年版,第8350页。
[2] 同上书,第8350页。
[3] 张廷玉:《明史》卷320《外国一》,中华书局2000年版,第8290页。
[4] 李金明:《明代海外贸易史》,中国社会科学出版社1990年版,第174页。
[5] 张廷玉:《明史》卷325《外国六》,中华书局2000年版,第8432、8433页。
[6] 克鲁沙多是葡萄牙银元,每1克鲁沙多约合白银1两。参见吴慧主编:《中国商业通史》第三卷,中国财政经济出版社2006年版,第709页。

平均每年征收中国商品的入口税为 4 900 余比索,占入口税的 36.68%;万历二十四年至二十八年(1596—1600 年)为 24 000 余比索,占 56.04%;万历三十九年至四十三年(1611—1615 年)为 64 000 余比索,占 91.55%。[1]

梁方仲、全汉昇、万明等学者估算了海外白银流入中国的数量。由于不同学者使用的材料不同,所以得到的结果存在较大的差异。笔者汇总了部分学者的估算结果,见表 4.1。

表 4.1　　　　　　　　部分学者估算海外白银流入量的结果汇总

学者	估算时段	来自日本的白银数量	来自美洲的白银数量	流入中国的合计数量	出处
万明	1540—1644 年	约 7 500 吨	约 12 620 吨	约 20 120 吨	《晚明社会变迁与问题研究》,商务印书馆 2005 年版,第 240—241 页。
刘光临	1550—1650 年			2 亿两	《明代通货问题研究——对明代货币经济规模和结构的初步估计》,《中国经济史研究》2011 年第 1 期。
薛国中	1550—1800 年	9 000~10 000 吨	42 000~58 000 吨	51 000~68 000 吨	《世界白银与中国经济——16—18 世纪中国在世界经济体系中的地位》,《中国政法大学学报》2007 年第 1 期。
贡德·弗兰克	16 世纪中期至 17 世纪中期			7 000~10 000 吨	《白银资本——重视经济全球化中的东方》,中央编译出版社 2008 年版,第 140 页。
庄国土	1567—1643 年			35 000 万西元	《16—18 世纪白银流入中国数量估算》,《中国钱币》1995 年第 3 期。

---

[1] 比索为西班牙银元,每 1 比索约合白银 7 钱 5 分。参见吴慧主编:《中国商业通史》第三卷,中国财政经济出版社 2006 年版,第 710 页。

续表

学者	估算时段	来自日本的白银数量	来自美洲的白银数量	流入中国的合计数量	出处
全汉昇	1571—1821 年		约 2 万万西元		《中国经济史论丛》，崇文书店 1972 年版，第 449 页。
梁方仲	1573—1644 年			1 万万元以上	《梁方仲经济史论文集》，中华书局 1989 年版，第 179 页。
钱江	1601—1764 年	4 212 295 千克的绝大部分			《十六至十八世纪国际间白银流动及其输入中国之考察》，《南洋问题研究》1988 年第 2 期。
王裕巽	明后期			超过 3 亿两	《明代白银国内开采与国外流入数额试考》，《中国钱币》1998 年第 3 期。
李隆生	明末	17 000 万两	12 500 万两	29 500 万两	《明末白银存量的估计》，《中国钱币》2005 年第 1 期。

就日本白银和美洲白银流入中国的数量而言，不同的学者依据不同的史料自然会得出不同的看法。需要强调的是，海外白银流入总量并不是讨论的重点，海外白银流入总量与国内白银开采总量的比较才更为关键。根据王裕巽的研究，明代国内白银开采总量约为 2 000 余万两，而海外白银流入总量超过 3 亿两。可以说，晚明经海上贸易流入中国的外国白银总量远超过明代 270 余年国内白银开采总量。[1] 根据李隆生的研究，唐、宋、元三朝的白银产量在 37 775 万两左右，整个明代的白银产量在 8 310 万两白银左右，明中叶后海外流入中国的白银在 29 500 万两左右。明中叶后海外流入中国的白银只有唐、宋、元、明四朝白银产量的六成左右，但这个数量仅仅是在明亡前 100 年的时间内所流入，是同一时期国内产量的近 10 倍。[2] 根据刘光临的研究，1550—1650 年间输入中国的白银达到 2 亿两左右，是明代原有白银储量的 4 倍，是明代自身生产规

---

[1] 王裕巽:《明代白银国内开采与国外流入数额试考》，《中国钱币》1998 年第 3 期。
[2] 李隆生:《明末白银存量的估计》，《中国钱币》2005 年第 1 期。

模的10倍左右。即使加上16世纪国内流通的4 000万贯铜钱,2亿两白银输入还是将明代的货币存量增加了2倍左右。[1]

明代财政的白银收入状况也间接表明,海外白银流入中国后,国内白银存量发生了飞跃式而非渐进式的变化。如表4.2所示,1520年以前财政每年收入白银不足10万两,日本白银开始流入中国后,1532年突破了200万两。16世纪中叶,美洲白银流入中国进一步提高了国内白银存量。1562—1602年,财政每年收入白银的数额在40年间增长了76%,至1621年已经翻了三番。基于海外白银流入总量和国内白银开采总量的比较视角,清晰地表明海外白银流入中国是一个非连续的偶然事件。

表4.2　　　　　　　　明代财政的白银收入状况

年份	银(万两)	年份	银(万两)
1430	32.9	1532	242.6
1440	0.5	1542	223.9
1460	14.6	1552	243.3
1470	7.1	1562	259.9
1480	4.6	1571	310.1
1490	8.1	1602	458.2
1500	3.2	1621	755.2
1510	3.3	1626	398.6
1520	3.4		

资料来源:吴承明,《中国的现代化:市场与社会》,生活·读书·新知三联书店2001年版,第218页。

二、外银内流的影响分析

外银内流对晚明时期货币制度变迁的影响是近年来学术界讨论的热点。

---

[1] 刘光临:《明代通货问题研究——对明代货币经济规模和结构的初步估计》,《中国经济史研究》2011年第1期。

从学术史来看,早先的研究主要基于明中期以前国内的货币供给和货币需求来探讨货币制度变迁。[1]黄阿明概括了此类研究的主要观点:明前期法定货币大明宝钞因贬值而退出流通市场,市场需要一种稳定的替代性货币形态。随着社会经济的发展和商品经济的发达繁荣,铜钱难以担当历史的重任,社会最终理性地选择白银作为流通货币。[2]然而,考察复合型白银流通制度的设计和传播可以发现,白银在"以银为上币"的"三币之法"中并不是日常使用的流通货币。从交换媒介二维属性分析框架来看,明中期以前的白银是流通性较差、稳定性较好的交换媒介。将白银用作主要流通货币、利用白银改良货币制度的政策不一定能够取得良好的绩效。基于不确定性的考量,明中期以前社会最终理性地选择白银作为流通货币的观点值得商榷。

万明关注到海外白银在短期内大量涌入中国与明前期白银货币化过程的互动,认为从时间和动因上看,明前期中国国内的货币需求曾直接影响了日本和美洲银矿的开发。[3]万明试图提炼海外白银在短期内大量涌入中国与明前期白银货币化过程互动的线索,即"白银货币化—市场扩大发展—与世界连接"[4]。从万明的分析中可以看出,外银内流是明前期白银货币化过程的结果,其对晚明的流通货币并不产生直接的影响。

与万明不同的是,近年来有学者提出,外银内流对晚明时期货币制度变迁产生了显著的影响。一类观点强调,海外白银在短期内大量涌入中国是贱金属货币本位向贵金属货币本位转变的前提。有学者指出,海外白银的流入为中国白银货币化提供了物质基础。海外白银流入中国,消除了国内银矿资源贫乏的制约,化解了商品经济发展与钱币短缺的矛盾,为中国银本位制度的确立提供了必要条件。[5]另一类观点则明确提出,海外白银在短期内大量涌入中国,使得白银在国内正式获得货币地位。有学者指出,不是单纯的明代国内社会经济

---

[1] 参见梁方仲:《一条鞭法》,《梁方仲经济史论文集》,中华书局1989年版,第34—89页;董郁奎:《试论明代的白银及其流通》,《浙江学刊》1988年第3期;万明:《明代白银货币化的初步考察》,《中国经济史研究》2003年第2期;邱永志:《元明变迁视角下明代货币白银化的体制促因》,《中国钱币》2018年第1期。

[2] 黄阿明:《明代货币白银化与国家制度变革研究》,广陵书社2016年版,第98页。

[3] 万明:《明代白银货币化:中国与世界连接的新视角》,《河北学刊》2004年第3期。

[4] 万明:《明代白银货币化研究20年——学术历程的梳理》,《中国经济史研究》2019年第6期。

[5] 参见姚遂主编:《中国金融史》,高等教育出版社2007年版,第214页。

第四章 "银钱两权"说的调整：货币思想转型的第二阶段

的发展促使中国作为基准货币的主导货币向白银转化，而是明代私人海上贸易的活跃，进而中西贸易的开启促成了具有世界货币性质的白银内化为中国的基准价值尺度。[1]这两类观点都表明，外银内流是国内白银货币化的原因，而不是结果。这与万明的看法正好相反。

刘光临从方法论的角度探讨了外银内流对晚明时期货币制度变迁的影响。刘光临认为，早先研究的方法论过于注重金属货币取舍的表象，在逻辑上偏离了货币经济学的基本主张——一个货币体系是否合理或进步，主要取决于其是否能够充分满足当时市场上不同交易的要求。[2]晚明海外白银大量涌入中国之前，国内白银存量并不能满足远距离交易和大额交易的要求。货币制度变迁在明中期并未完成。因此，刘光临强调，外银内流对晚明时期货币制度变迁的影响在于"明代货币制度的缺失，并非所谓宋明时期从（铜）钱到（白）银的进步论主张的中国货币演化的必然"[3]。不难看出，针对外银内流的影响问题，之所以学术界形成了不同的看法，本质上是因为对货币供应量变动影响货币制度运行和商品经济发展的分析不同。在现代的货币理论中，通货膨胀理论和通货紧缩理论分别反映了货币供应量增加和减少对货币制度运行以及商品经济发展的影响。就海外白银在短期内大量涌入中国而言，明前期国内白银存量和明中期以后国内白银存量的差异同样能够影响晚明时期货币制度变迁和商品经济运行；认为外银内流不影响晚明时期货币制度变迁的观点过于注重金属货币取舍的表象，而忽视了明前期白银与明中期以后白银的特征差异。因此，外银内流对晚明时期货币思想转型和货币制度变迁的影响不容忽视。

运用交换媒介二维属性分析框架有助于厘清明前期白银与明中期以后白银的特征差异。中国并非产银大国，白银作为交换媒介的流通性与国内白银存量正相关。晚明时期外银内流使得国内白银存量大幅增加，突破了宋元时期至明中期白银流通性较差的瓶颈。在流通性与稳定性的十字坐标系中，明中叶前的白银是流通性较差、稳定性较好的交换媒介，位于十字坐标系的第四象限，如

---

[1] 何平：《传统中国的货币与财政》，人民出版社2019年版，第248页。
[2] 刘光临：《明代通货问题研究——对明代货币经济规模和结构的初步估计》，《中国经济史研究》2011年第1期。
[3] 同上。

图 4.1 所示。晚明时期的白银是兼具流通性与稳定性的交换媒介,位于十字坐标系的第一象限,如图 4.2 所示。从交换媒介二维属性分析框架来看,外银内流对晚明时期货币制度变迁的影响主要体现为,兼具流通性与稳定性的白银在晚明时期成为主要流通货币。元末南康府同知王祎提出铸造黄金与白金钱币的主张,这一主张在国内白银存量不能满足流通需要的情形下无法实施。明朝建立后仍然选择发行纸钞。明前期政府阶段性放松禁止金银流通的政策,白银表现出扩大流通之势。然而,当时国内白银存量依然不充裕,成化、弘治时期户部尚书邱濬首创"以银为上币"的"三币之法",仍有规定交易金额 10 两以下不许使用白银。海外白银大量在短期内涌入中国增加了国内白银存量,白银兼具流通性与稳定性使得其在晚明时期的日常使用较宋元时期以及明代上半叶愈发频繁。彭信威指出:"嘉靖以后,白银在中国币制中是主要的因素,各种铜钱,都是同白银发生联系,规定比价。大数用银,小数用钱,好像是一种银钱两本位制。有些地方,白银是唯一的货币,铜钱几乎等于被废弃了。"[1]

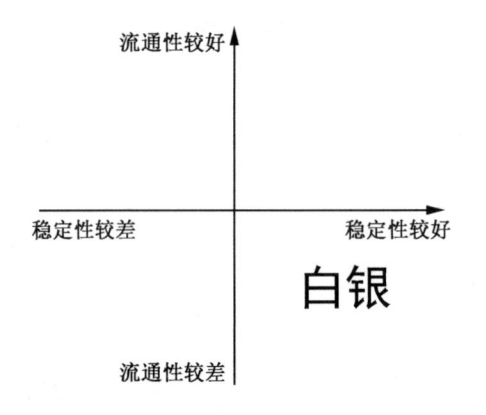

图 4.1 明中叶以前的白银二维属性分析图

此外,学界有一种观点认为,白银在两宋之际就逐步成为主要流通货币。宋代出现了银钱兑换关系和货币银流通,这表明白银已经获得价值尺度和流通手段职能。[2] 特别是,南宋时期川陕地区曾流通一种名为"银会"的新纸币。学者认为,银会的流通恰好说明银两成为钱引、银会、东南会子等纸币共同的价

---

[1] 彭信威:《中国货币史》,上海人民出版社 2007 年版,第 483、484 页。
[2] 参见王文成:《宋代白银货币化研究》,云南大学出版社 2011 年版,第 114—219 页。

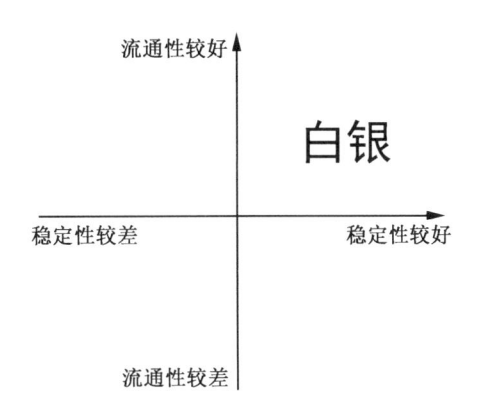

第四章 "银钱两权"说的调整:货币思想转型的第二阶段

```
           流通性较好 ↑
                     │
                     │      白银
                     │
   稳定性较差 ────────┼──────── 稳定性较好
                     │
                     │
                     │
           流通性较差
```

图 4.2　晚明时期的白银二维属性分析图

值标准,并逐步成为多元货币体系中的主要货币。[1]细究银会的流通机制,"自宝祐二年更印银会,以一当百,一时权于济用,将以重楮"[2]。不难判断,银会是政府借助发行新纸钞延缓旧纸钞贬值的一种努力,本质上与借助铜钱弥补纸钞稳定性较差的缺陷并无区别。彭信威认为,银会这种"银本位"只是表面上的,必定发生贬值现象。[3]银会不是兼具流通性与稳定性的交换媒介,银会的流通是铜钱与纸钞"循环困局"的一个中间环节。白银成为主要流通货币必须待突破国内白银流通性较差的瓶颈之后才能实现。

海外白银在短期内大量涌入中国的偶然事件为晚明时期货币思想的第二阶段转型提供了重要契机。国内白银存量大幅增加突破了宋元时期至明中期白银流通性较差的瓶颈,使得白银在晚明时期成为兼具流通性与稳定性的交换媒介。在国内白银存量大幅增加、白银成为主要流通货币的背景下如何改良户部尚书邱浚"以银为上币"的"三币之法",是晚明时期货币思想转型第二阶段的思考议题。正如格林菲尔德所说:"历史是合理化的行进,是一种无穷无尽的非连续性尝试的更替,旨在把秩序引入本身并不具备该秩序的体验中。"[4]

---

[1]　王文成:《从〈救蜀楮密奏〉看南宋货币白银化》,《中国经济史研究》2018 年第 4 期。
[2]　李曾伯:《可斋续稿》后卷 3《救蜀楮密奏》,《景印文渊阁四库全书》第 1179 册,第 615 页上栏。
[3]　彭信威:《中国货币史》,上海人民出版社 2007 年版,第 319 页。
[4]　[美]里亚·格林菲尔德:《资本主义精神》,上海人民出版社 2009 年版,第 23 页。

第二节　复合型白银流通制度的调整

16世纪海外白银在短期内大量涌入中国,对晚明时期货币思想转型产生了深远的影响。为了改良邱浚"以银为上币"的"三币之法",传统货币思想开始第二阶段的转型。转型第二阶段的特征是提出了以去纸钞化为中心的复合型白银流通制度调整方案。转型第一阶段和第二阶段在货币制度设计上存在较大的差异。这一差异能够清晰地表明晚明时期铜钱、纸钞、白银三者的互动关系,从而提炼思想转型的理论内涵。

一、制度调整的方案设计

复合型白银流通制度是思考白银流通及其管理办法可供借鉴的蓝本。成化、弘治时期,海外白银尚未大量涌入中国,国内白银流通性较差的瓶颈仍然存在。户部尚书邱浚的"三币之法"规定了纸钞与白银的兑换比例,以期克服纸钞稳定性较差的弊端。海外白银在短期内大量涌入中国以后,国内白银流通性较差的瓶颈被突破。由于晚明时期出现了兼具流通性与稳定性的交换媒介,因此货币思想转型第二阶段的特征是提出了以去纸钞化为中心的复合型白银流通制度调整方案。

第一种调整方案是维持邱浚"三币之法"的结构特征,改良分层级管理办法,放松白银流通的限制条件。福建邵武府推官朱健[1]以"自然之理"为依据分析了邱浚"三币之法"的弊端:"近议者欲以银为上币、钞为中币、钱为下币。钞若钱以上币权之,每银一分值钱十文。钞新制者,贯值钱十文,中折者值三,昏烂值一。甚者以盐法阻坏,欲更重钞法,几以尽余盐之利。而重钞必峻刑,且逆自然之理,而钞终不可得重,久必折阅。"[2]朱健依据的"自然之理"是指顺应民众追求自身利益的诉求。纸钞贬值破坏了"三币之法"中白银与纸钞之间的兑换关系,在日常流通中被民众弃用。如果政府继续通过增发纸钞来缓解财政

---

[1] 朱健(?—1646),字子强,南昌府进贤县(今江西进贤)人。明代天启元年举人,崇祯年间由举人出任福建邵武府推官。

[2] 朱健:《古今治平略》卷9《国朝钱币》,《续修四库全书》第756册,第361页上栏。

第四章 "银钱两权"说的调整：货币思想转型的第二阶段

赤字,则维护纸钞流通需使用严刑峻法。故而,朱健认为"三币之法"应当放松分层级管理办法中的白银流通限制条件,不再将交易额作为管理白银、纸钞、铜钱的标准:"故夫申三品泉布之法,弛用银之禁,制其操柄,毋爱铜惜工,以为天下先。岂非因自然之理,顺势乘便而道之所符哉。"[1]需要注意的是,朱健仍然主张白银"制其操柄"。这意味着经朱健改良后的分层级管理办法保留了邱浚"三币之法"的结构特征:白银发挥稳定铜钱与纸钞币值的作用,铜钱与纸钞是日常使用的流通货币。

为了稳定纸钞币值并维持邱浚"三币之法"的结构特征,朱健从"弛用银之禁"和"毋爱铜惜工"两方面提出了四条具体的建议:其一,铜钱作为日常使用的流通货币,其供应量需满足市场需求:"今诚于国家产铜之处,开局鼓铸。特设风宪大臣监督之,以开其源而灌输之各省。"[2]其二,当纸钞购买力发生波动时,政府利用白银回笼纸钞,以稳定纸钞币值:"又立行户令以白金倒换而称提之,则敛于上而复散于下,收于此而复提引之于彼,如泉之赴壑,转注而不穷。"[3]其三,禁止铜钱的私销私铸:"又严低钱行使之禁,以峻防之。其铜废者皆收之以入于官。"[4]其四,虽然白银等其他货币并不是日常使用的流通货币,但其流通地区仍可按惯例使用:"诸用银贝之地悉遵诏旨,各从其故,不强其所不便。"[5]相较于邱浚的设计,朱健的分层级管理办法更为宽松。需要指出的是,虽然朱健的调整方案维持了邱浚"三币之法"的结构特征,但是倘若纸钞贬值且政府无法及时回笼纸钞,纸钞被民众弃用的趋势就难以改变。这也凸显了朱健的建议顺应民众追求自身利益诉求的特点。

第二种调整方案是剔除纸钞,保留白银和铜钱,并且调整后的货币制度不再具备邱浚"三币之法"的结构特征。海外白银在短期内大量涌入中国后,白银在市场上的流通使用大幅增加。户部尚书侯恂[6]认为,国内白银存量已经可

---

[1] 朱健:《古今治平略》卷9《国朝钱币》,《续修四库全书》第756册,第361页上栏、下栏。
[2] 同上书,第364页下栏。
[3] 同上书,第364页下栏、第365页上栏。
[4] 同上书,第365页上栏。
[5] 同上。
[6] 侯恂(1590—1659),字大真,号若谷,归德府(河南商丘)人。历任山西道御史、河南道御史、太仆少卿、兵部右侍郎、任户部尚书。

以满足市场流通的需要:"今天下自京师达四方无虑皆用白银,乃国家经赋专以收花文银为主,而银遂踞其极重之势,一切中外公私咸取给焉。"[1]故而,侯恂提出剔除纸钞,保留白银与铜钱:"先臣邱浚欲仿古三币之法,铜钱宝钞通行上下,而一权之以银。夫钞恐难行矣,舍钞言钱可也。"[2]纸钞取法于唐代的飞钱,因其轻便故能流通。海外白银在短期内大量涌入中国以后,远距离交易和大额交易使用白银,近距离交易和小额交易使用铜钱,复合型白银流通制度没有保留纸钞的必要。兵部侍郎万恭[3]吸取了户部尚书邱浚"以银为上币"的经验,从商品经济运行的角度阐述剔除纸钞后"银钱两权"的调整方案:"今制天下生民之命者,非银谷二权哉。顾银贱则病商,谷贱则病农";"令民大用则以银,小用则以钱,是小以济大之不足也。"[4]与邱浚不同的是,万恭并不区分日常使用的流通货币和非日常使用的流通货币。换言之,万恭提出的"银钱两权"调整方案已不具备邱浚"三币之法"的结构特征。白银和铜钱均可用作日常使用的流通货币。"银钱两权"的概念在清朝得以延续,《皇朝文献通考》叙述清朝币制言道:"我朝银钱兼权,实为上下同行之币";"钱与币之各得其宜,固无有逾于我朝者也"。[5]

侯恂、万恭"银钱两权"的流通货币管理办法与邱浚"三币之法"的分层级管理办法也有所不同。由于国内白银存量大幅增加,万恭不再强调严格的分层级管理办法和白银使用界限。万恭把货币流通管理的目标设定为"持二权而盈缩之,勿使偏胜而后天下安"[6]。当铜钱购买力发生波动时,政府可以利用白银稳定铜钱币值。当铜钱不能满足近距离交易和小额交易时,政府可以增加铜钱的供应量。经他改造的流通货币管理办法更突出实用性,非常贴近白银和铜钱

---

[1] 侯恂:《条陈鼓铸事宜》,孙承泽:《春明梦余录》卷38《钱法》,《景印文渊阁四库全书》第868册,第571页下栏。

[2] 同上书,第572页上栏。

[3] 万恭(1515—1591),字肃卿,别号两溪。历任光禄寺少卿、大理寺少卿、兵部左侍郎兼都察院右佥都御史。

[4] 万恭:《钱谷议》,黄宗羲编:《明文海》卷78,《景印文渊阁四库全书》第1453册,第726页上栏、下栏。

[5] 嵇璜、刘墉等:《清朝文献通考》卷13《钱币考一》,王云五编:《万有文库》第二集,商务印书馆1936年版,第4965页中栏、第4967页下栏。

[6] 万恭:《钱谷议》,黄宗羲编:《明文海》卷78,《景印文渊阁四库全书》第1453册,第726页上栏。

第四章 "银钱两权"说的调整：货币思想转型的第二阶段

流通的真实图景。侯恂依据传统货币思想中的子母相权论和轻重论阐述维持白银与铜钱兑换比例的办法。子母相权论和轻重论调节货币供应量的形式是"敛积之以轻，散行之以重"[1]，其有效实施需具备的前提条件是政府拥有非常雄厚的货币储备。[2]对此，侯恂提出增加铜钱铸造量以储备白银的办法："夫钱出于铜，铜不铸钱则铜而已，铸之为钱而可。以前民用，则是尽天下之铜，皆已变而为银也，利孰大焉。以钱济银之穷，而又用钱杀银之势，使钱广布民间，则可因敛银以归之上。于是用银为母，钱为子，而因以行其高下之术。"[3]此外，万恭还提出了增开银矿储备白银的建议："其策在广银矿……夫矿者，银之母也……今开矿有严禁，则银之母索然矣。"[4]

第三种调整方案是转变纸钞的流通兑换方式。陆世仪[5]坚持邱浚所创的"三币之法"不可分割："古有三币，今亦有三币。古之三币，珠玉、黄金、刀布，今之三币，白金、钱、钞。"[6]陆世仪进一步分析了白银、纸钞和铜钱三种货币之间的紧密搭配："古之为市者，以其所有易其所无，皆粟与械器耳。粟与械器，持移量算，有所不便，则于是乎代之以金。金者，所以通粟与械器之穷也。所谓大不如小也。物有至微，厘毫市易，则金又有所不便，于是乎又代之以钱。钱者，所以通金之穷也。所谓顿不如零也。千里赍持，盗贼险阻，则金与钱又俱有所不便，于是乎又代之以楮。楮者，如唐之飞钱，今之会票，又所以通金与钱之穷也。所谓重不如轻也。"[7]陆世仪所说的金就是白银。他认为白银不适用于小额交易，并且白银与铜钱均不便携带，纸钞可以弥补白银和铜钱的缺陷。与朱健、侯恂不同的是，陆世仪重点从流通性的角度考察了白银、纸钞和铜钱三者的特征。针对纸钞贬值的问题，陆世仪的主张是转变纸钞的流通兑换方式。

---

[1] 黎翔凤：《管子校注》卷22《国蓄》，中华书局2004年版，第1269页。
[2] 参见曾宪久：《中国古代的货币政策非中性思想》，《金融研究》2001年第2期。
[3] 侯恂：《条陈鼓铸事宜》，孙承泽：《春明梦余录》卷38《钱法》，《景印文渊阁四库全书》第868册，第572页上栏。
[4] 万恭：《钱谷议》，黄宗羲编：《明文海》卷78，《景印文渊阁四库全书》第1453册，第726页上栏、下栏。
[5] 陆世仪（1611—1672），字道威，号刚斋，晚号桴亭，明末清初理学家、文学家。
[6] 陆世仪：《论钱币》，贺长龄辑：《清经世文编》卷52，魏源：《魏源全集》第15册，岳麓书社2004年版，第821页。
[7] 同上。

陆世仪受飞钱会票启发,经他改良的纸钞是一种用于远距离交易和大额交易的官方票据。陆世仪提出政府兑换纸钞的方式与清代山西票号的运作方式非常相似:"必欲行楮币之法,须如唐飞钱之制,然后可。今人家多有移重资至京师者,以道路不便,委钱于京师富商之家,取票至京师取值,谓之'会票',此即飞钱之遗意。于各处布政司或大府去处,设立银券司,朝廷发官本造号券,令客商往来者纳银取券,合券取银。"[1]陆世仪所说的纸钞很接近于汇票,他设计的纸钞兑换方式实质上就是由政府履行票号的汇兑职能。虽然陆世仪未剔除"三币之法"中的纸钞,但他所说的纸钞与邱浚所说的纸钞已经截然不同。不过,陆世仪改良"三币之法"的主张不失为一种符合商品经济发展要求的思想见解。

总的来说,户部尚书侯恂和兵部侍郎万恭的调整方案能够较为全面地体现"银钱两权"说的核心内容。海外白银大量涌入中国以后,白银成为兼具流通性与稳定性的交换媒介。复合型白银流通制度无需借助流通性较好但稳定性较差的纸钞来弥补白银的缺陷,以替代兼具流通性与稳定性的交换媒介。以去纸钞化为中心的复合型白银流通制度调整方案反映了"银钱两权"说的核心内容,即货币制度剔除稳定性较差的交换媒介。侯恂和万恭都主张流通货币剔除稳定性较差的纸钞,以稳定性较好的白银和稳定性一般的铜钱为主。并且,远距离交易和大额交易使用白银,近距离交易和小额交易使用铜钱。白银和铜钱的这一交易特点同样适用于政府财政收支。侯恂指出,远距离、大额的财政收支可使用白银,地方政府的财政收支可使用铜钱:"夫解京之入,济边之出,其有待于银也,似也。以其为物轻微易藏,可以多致也。钱固重质,而若各项存留为地方用者,即以钱出入。"[2]可以说,"银钱两权"说的核心内容契合了海外白银大量涌入中国以后国内的货币流通情形。

二、货币制度设计的比较——以约翰·罗货币思想为例

16世纪海外白银在短期内大量涌入中国以后,白银作为主要流通货币的地

---

[1] 陆世仪:《论钱币》,贺长龄辑:《清经世文编》卷52,魏源:《魏源全集》第15册,岳麓书社2004年版,第822页。

[2] 侯恂:《条陈鼓铸事宜》,孙承泽:《春明梦余录》卷38《钱法》,《景印文渊阁四库全书》第868册,第578页下栏。

第四章 "银钱两权"说的调整：货币思想转型的第二阶段

位持续巩固，"银钱两权"说削弱了政府增加货币供应量的能力。在相近时期，西方社会商品经济运行也出现了生产技术进步、市场规模扩大、对外贸易发展等变化。在当时，重商主义经济思想占据主流地位。英国经济学家约翰·罗针对白银流通与货币制度改革提出了较为系统的建议。1716年，约翰·罗在法国成立通用银行，并发行纸币形式的银行券。短短四年后，通用银行由于公司股票投机和银行券挤兑而破产。何平将陆世仪的货币思想与约翰·罗的货币思想做比较，探讨中西方信用货币制度及其发展。[1] 信用货币制度的主要应用即是发行纸钞。事实上，约翰·罗的货币思想不仅探讨了纸钞的发行，而且探讨了白银作为主要流通货币的合理性。基于白银与纸钞两方面的讨论，约翰·罗的货币制度改革建议和实践在一定程度上反映了在西方社会中稳定性较差的交换媒介与商品经济运行的互动关系。比较"银钱两权"说与约翰·罗货币思想的异同，能够体现"银钱两权"说剔除纸钞的合理性，也有助于深入理解约翰·罗在货币制度设计中增加纸钞的现实意义。

首先，约翰·罗同样从流通性与稳定性两方面考察白银作为主要流通货币的合理性。约翰·罗认为白银具有五种适合于充当货币的特性：第一，可以规定其成色；第二，易于转让；第三，两地之间白银的价值相同或差别很小，易于运输；第四，白银体积小、耐腐蚀，保存它损失很小、费用很低；第五，易于分割，分割不会招致损失，分割成4块的1盎司白银与未分割的1盎司白银具有相同的价值。[2] 前三种是从流通性的角度考察白银作为主要流通货币的合理性，后两种是从稳定性的角度考察白银作为主要流通货币的合理性。约翰·罗非常重视白银具有较好的稳定性，并将其视为白银适合于用作货币的关键。他指出："拥有多余商品的人，会用多余的商品来换取白银，虽然他要白银并没有用处，其原因是白银质量有保证，易于转手，保存它损失很小、费用很低，而且由于白银易于分割，分割不会招致损失，各个地方白银的价值都相同，所以他可以用自己拥有的全部白银或者一部分白银，在国内或国外购买所需要的其他商品。"[3] 16世纪，中国和西方都经历了市场规模扩大的重要时期，商品经济的发

---

[1] 参见何平：《明清之际陆世仪的货币论与信用货币的缺失》，《中国钱币》2020年第6期。
[2] ［英］约翰·罗：《论货币和贸易》，商务印书馆1986年版，第3页。
[3] 同上书，第3、4页。

展要求交换媒介兼具流通性与稳定性。从交换媒介二维属性分析框架来看，"银钱两权"说与约翰·罗的分析具有共通性。

其次，约翰·罗同样关注到白银与铜币适用于不同类型的市场交易。约翰·罗比较了黄金、白银和铜钱三者的区别。他认为："虽然黄金和铜钱可以当作货币，但它们都没有白银那么方便。铜钱由于体积大而用它付款很不方便；黄金由于数量较少而不适于当作货币。"[1]也就是说，白银和铜钱是货币制度的主要组成部分，两者适用于不同类型的市场交易："铜被铸成硬币是为了用于小额付款。但人们却把白银当作表示商品价值的尺度，把它当作交换商品所依据的价值，并用它来偿付契约。"[2]从交换媒介二维属性分析框架来看，白银具有较好的流通性与稳定性，而铜钱的流通性较差、稳定性一般。从某种意义上讲，"银钱两权"说以及约翰·罗的分析均认同白银适用于远距离交易和大额交易，铜钱适用于近距离交易和小额交易。交换行为对交换媒介的影响并不因国家地区的不同而有所差异，良好的货币制度有利于商品经济的正常运行。在约翰·罗看来，白银和铜币组成的货币制度取得了较好的政策绩效："随着货币的增加，物物交换的不利和不便之处被消除了。穷苦人和懒散人有了工作，更多的土地得到了耕种，产量不断增加，制造业和商业获得了发展，农民的生活有了改善，而且人们对农民的依赖减少了。"[3]综合上述两方面，"银钱两权"说和约翰·罗的分析得出了相近的结论。

需要注意的是，当政府出现财政赤字时，约翰·罗给出的货币制度改革建议是发行纸币。正如他本人所说："鄙人拟提出若干项建议，以克服国家因极度缺乏货币所遇到的困难。"[4]约翰·罗提出了三种发行纸币的方法：第一，授权纸币管理委员会以普通利率贷放以土地担保的纸币，贷放额不超过土地价值的一半或三分之二；第二，按照土地的充足价值，也就是根据银币计算的20年左右的地租收益，发行纸币；第三，按照土地的充足售价发行纸币，土地归纸币管理委员会所有，不能赎回。约翰·罗还提出，纸币管理委员会每次最多发行

---

[1]［英］约翰·罗：《论货币和贸易》，商务印书馆1986年版，第6页。
[2] 同上书，第7页。
[3] 同上。
[4] 同上书，第1页。

第四章 "银钱两权"说的调整：货币思想转型的第二阶段

50 000 镑纸币,只要有 25 000 镑库存纸币,就不能另外发行纸币。[1] 约翰·罗把土地作为发行纸币的担保品,土地的价值或售价与纸币发行量保持一定的比例。这一改革建议意味着货币制度将由白银、铜币、纸币三者构成。如果用白银替换土地用作担保品,那么约翰·罗的货币制度改革建议与户部尚书邱浚的"三币之法"从实质上讲并无区别；换句话说,约翰·罗发行纸币的改革建议与"银钱两权"说的去纸钞化调整方案正好相反。

约翰·罗还声称以土地作为担保品发行的纸币稳定性较好："我所建议发行的这种纸币,其价值要比白银稳定,它并没有因为充当货币而价值有所增加,它的价值不易变化,是因为其供给和需求是共同增减的。所以,这种纸币要比银币更加适于充当衡量商品价值的尺度,更加适于充当交换商品和偿付契约的价值。"[2] 事实上,约翰·罗的改革建议并不能有效限制政府增发纸币,苏格兰议会也未采纳。1716 年,约翰·罗在法国设立通用银行发行纸币,最终以失败破产告终。显然,当政府出现财政赤字时发行纸币,纸币极易因贬值而被民众弃用。从交换媒介二维属性分析框架来看,若白银无法满足市场流通的需要,那么约翰·罗提议发行的纸币将与铜币形成另一个"循环困局"。"银钱两权"说剔除了邱浚"三币之法"中的纸钞,削弱了政府增加货币供应量的能力。约翰·罗则相反,他提议利用发行纸币来缓解政府财政赤字,等同于加强了政府增加货币供应量的能力。

无论是海外白银大量涌入的晚明,还是重商主义时期的西方社会,"银钱两权"说与约翰·罗都清晰地认识到白银作为主要流通货币的合理性。在不同类型的市场交易中,白银与铜钱呈现不同的适用性。从研究方法上看,"银钱两权"说和约翰·罗都考虑到交换媒介的流通性与稳定性。单就约翰·罗个人而言,他一方面认识到白银作为主要流通货币的合理性,另一方面又提出了发行纸币的货币制度改革建议。约翰·罗的两种观点其实并不矛盾,发行纸币的改革建议并非基于交换行为的考虑。虽然约翰·罗的改革建议与从"银为上币"说到"银钱两权"说的转型路径正好相反,但两者都反映了社会不同阶层之间的

---

[1] [英]约翰·罗:《论货币和贸易》,商务印书馆1986年版,第62、63页。
[2] 同上书,第67页。

利益关系调整。约翰·罗把发行纸币当作政府缓解财政赤字的手段,而"银钱两权"说的去纸钞化调整方案则体现了对民众财富积累的维护。

第三节　货币思想转型第二阶段的特征

海外白银在短期内大量涌入中国对晚明时期货币思想转型与货币制度变迁产生了显著的影响。大体以海外白银大量涌入中国的阶段作为分界点,晚明时期货币思想转型可以划分为两个阶段:思想转型第一阶段提出了"银为上币"说;思想转型第二阶段提出了"银钱两权"说。思想转型第二阶段的特征有以下三个方面:

第一,铜钱和纸钞的货币供给"循环困局"被打破为思想转型第二阶段提供了现实动因。在宋元时期至明中期,铜钱与纸钞形成了货币供给的"循环困局"。有学者探讨了明中叶政府整顿货币制度的政策措施,主要是先解禁铜钱,尔后整顿钱钞法,禁止私铸,乃至不断重开铸局,却连连受挫。[1] 从这个角度来说,邱浚利用白银稳定铜钱与纸钞币值、日常流通主要使用铜钱与纸钞的制度设计方案并不能破解宋元时期至明中期的货币供给"循环困局"。在思想转型的第二阶段,海外白银在短期内大量涌入中国,白银成为兼具流通性与稳定性的交换媒介。民众在追求自身利益的诉求驱动下弃用纸钞,白银与铜钱并行流通,宋元时期至明中期的货币供给"循环困局"被打破。基于此,思想转型第二阶段的探讨内容包括两个方面:一是剔除纸钞或转变纸钞的用途;二是调整白银与铜钱的管理办法。可以说,思想转型第二阶段的制度设计思想以大数用银、小数用钱的货币流通现实为参照。铜钱与纸钞的货币供给"循环困局"被打破明确了邱浚"三币之法"的调整思路,推动了思想转型第二阶段的开启。

第二,相较于思想转型第一阶段,思想转型第二阶段体现了减少政府干预的特点。16世纪以前海外白银尚未大量涌入中国,户部尚书邱浚设计"以银为上币"的"三币之法",其目的之一是想挽救流通性较好的纸钞。虽然邱浚提出

---

[1] 邱永志:《国家"救市"与货币转型——明中叶国家货币制度领域与民间市场上的白银替代》,《中国经济史研究》2018年第6期。

第四章 "银钱两权"说的调整：货币思想转型的第二阶段

了"制事之宜，以为民之利"[1]的设计理念，但是，他仍然主张通过政府干预的方法，设置了白银流通的限制条件。进入16世纪，国内白银存量相比成化、弘治时期已经大幅增加，可以满足市场流通的需要。福建邵武府推官朱健针对纸钞贬值，提议放松白银流通的限制条件，其理念也是"因自然之理，顺势乘便而道之所符"[2]。兵部侍郎万恭分析了市场交易和结算支付的特征后，发现纸钞已无存在的必要。他不再要求实施限制白银流通的政策，白银与铜钱都可以用作日常使用的流通货币。陆世仪虽然保留了纸钞，但是他设想的纸钞实质上就是汇票的代名词。从"银为上币"说到"银钱两权"说，唯一被剔除的纸钞恰恰是政府最偏爱的解决财政赤字的途径。户部尚书侯恂提出增加铜钱铸造量以储备白银的办法，以及万恭提出增开银矿储备白银的办法，在财政赤字的背景下政府很难做到。晚明时期货币思想转型第二阶段的减少政府干预的特点，反映白银流通削弱了政府增加货币供应量的能力。

第三，思想转型第二阶段提出的流通货币管理办法与晚明时期政府整顿钱法的政策主张并不矛盾。晚明时期，有观点主张政府整顿钱法。兵部尚书谭纶[3]提出："今之议钱法者，皆曰铸钱之费与银相当，朝廷何利焉。臣以为岁铸钱一万金，则国家增一万金之钱流布海内。铸钱愈多，则增银也愈多，是藏富之术也。"[4]右副都御史郭子章[5]提出："钱法者，不收之田，不计之海，不出之府库，无大损于国贮，而博利于民生，诚今日挟弊之急务也。"[6]有学者考察了隆庆、万历时期政府整顿钱法的过程，认为扩铸铜钱的计划在张居正[7]主政期间大规模实施，且扩铸计划覆盖范围广、准备充分、工本充足。[8]事实上，"银钱

---

[1] 邱浚：《大学衍义补》卷27《铜楮之币下》，京华出版社1999年版，第260页。
[2] 朱健：《古今治平略》卷9《国朝钱币》，《续修四库全书》第756册，第361页下栏。
[3] 谭纶（1520—1577），字子理，号二华。历任台州知府、福建巡抚、蓟辽总督、兵部尚书。
[4] 谭纶：《论理财疏》，陈子龙等编：《皇明经世文编》卷322，《四库禁毁书丛刊》集部第27册，第33页上栏。
[5] 郭子章（1543—1618），字相奎，号熙圃，又号青螺。历任广东潮州府知府、右副都御史。
[6] 郭子章：《钱法》，陈子龙等编：《皇明经世文编》卷420，《四库禁毁书丛刊》集部第28册，第435页下栏。
[7] 张居正（1525—1582），字叔大，号太岳，嘉靖二十六年（1547年）进士，明代政治家、改革家、内阁首辅。
[8] 邱永志：《明代隆万时期的货币扩张与地方反应》，《厦门大学学报（哲学社会科学版）》2019年第2期。

"两权"说同样主张政府整顿钱法。兵部侍郎万恭提出,政府管理流通货币的办法,除了增开银矿储备白银外,还应当"广铸钱""浚钱流""公钱利"[1]。根据"银钱两权"说的制度设计思想,白银与铜钱都是日常使用的流通货币。从流通货币管理的角度而言,整顿钱法维护铜钱流通、扩铸铜钱增加铜钱的供应量是"银钱两权"说的题中之义。同时,晚明时期主张政府整顿钱法的观点同样不排斥"银钱两权"说。郭子章认同整顿钱法是"今日挟弊之急务",但其目的仍然是白银与铜钱并行流通:"夫钱,下而不上,则其权在市井。上而下,下而上,则其权在朝廷。诚用之如循环,行之如流水。……银用其六,钱用其四,又何不行之足虑乎。"[2]谭纶也认为,整顿钞法、扩铸铜钱的目的是"以济夫银之不及"[3]。海外白银大量涌入中国以后,银钱并行的局面难以扭转。白银的供应量不足则建议增开银矿,铜钱流通受阻则建议整顿钱法。两方面建议都是"银钱两权"说的重要组成部分。

针对晚明时期"银钱两权"说的思想转型特征问题,有学者试图从白银发挥统计和计价作用的角度展开研究。陈锋认为,在明代中后期,赋税征收以及各项支出以银两作为统一的标准。而在实际的财政收支体系中,银两和铜钱各占有一定的比重。在陈锋看来,晚明时期"银钱两权"说的变革核心在于白银发挥统计标准尺度作用的"统计银两化",而不是"白银货币化"。[4]不同于陈锋基于财政视角的考察,黑田明伸从商品经济运行的视角分析了明清时期的用银转变以及商人过账时所用的称重虚银两单位。黑田明伸指出,在不假定标准化银币应该用作交易媒介的情况下,称重虚银两单位在一定程度上起到了稳定本地物价的作用。[5]陈锋所说的"统计银两化"和黑田明伸所说的称重虚银两单位

---

[1] 万恭:《钱谷议》,黄宗羲编:《明文海》卷78,《景印文渊阁四库全书》第1453册,第727页上栏、下栏。

[2] 郭子章:《钱法》,陈子龙等编:《皇明经世文编》卷420,《四库禁毁书丛刊》集部第28册,第437页下栏。

[3] 谭纶:《论理财疏》,陈子龙等编:《皇明经世文编》卷322,《四库禁毁书丛刊》集部第27册,第33页上栏。

[4] 参见陈锋:《明清变革:国家财政的三大转型》,《江汉论坛》2018年第2期;陈锋:《明清时代的"统计银两化"与"银钱兼权"》,《中国经济史研究》2019年第6期。

[5] [日]黑田明伸:《中国货币史上的用银转变:切片、称重、入账的白银》,《中国经济史研究》2020年第1期。

都不是实际使用的白银。从思想史的层面来看,两者都反映了时人对白银用作主要流通货币的认知转变。尤其是称重虚银两单位发挥了稳定本地物价的作用,间接印证了"银钱两权"说利用白银发挥稳定铜钱币值的流通货币管理办法。但现有研究较少涉及外银内流以及白银、纸钞和铜钱三者的互动关系。明前期铜钱和纸钞的流通与晚明时期"统计银两化"之间的关联实则反映了从"银为上币"说到"银钱两权"说的转型路径。外银内流增加了国内白银存量,有助于称重虚银两单位更好地发挥稳定本地物价的作用。立足于转型过程中白银的特点变化及其与铜钱、纸钞的互动关系,考察晚明时期"银钱两权"说的思想转型问题,能够清晰地体现纸钞在邱浚"三币之法"中发挥的作用以及"银钱两权"说剔除纸钞的缘由。

第四节　货币思想转型的理论内涵

大体以海外白银大量涌入中国的阶段作为分界点,晚明时期货币思想转型划分为两个阶段:第一阶段提出了"银为上币"说,第二阶段提出了"银钱两权"说。虽然"银为上币"说和"银钱两权"说的形成背景与现代的货币理论截然不同,但是交换行为对交换媒介的影响并不因时间不同而发生改变。在不同的时点,流通性与稳定性都反映了货币作为交换媒介需要具备的属性。通过货币国家化理论和货币非国家化理论考察晚明时期思想转型的理论内涵,一方面可以揭示"银为上币"说和"银钱两权"说的现实意义,另一方面也可以深入理解相关货币理论的应用价值。

一、转型第一阶段与第二阶段的比较

转型第一阶段和第二阶段在背景、流通货币的属性、货币制度设计的思路上都有较大的差异。图4.3展示了"银为上币"说的复合型白银流通制度,图4.4展示了"银钱两权"说的去纸钞化调整方案。通过比较可知:

第一,转型第一阶段的背景是国内白银存量不能满足市场流通的需要,转型第二阶段的背景是国内白银存量可以满足市场流通的需要。在第一阶段,海外白银尚未流入中国。"银为上币"说提升了白银在货币制度中的重要性,但实

质仍然是挽救流通性较好的纸钞。在第二阶段,海外白银在短期内大量涌入中国。"银钱两权"说提出以去纸钞化为中心的复合型白银流通制度调整方案,削弱了政府增加货币供应量的能力。

第二,转型第一阶段缺乏兼具流通性与稳定性的交换媒介,转型第二阶段出现兼具流通性与稳定性的交换媒介。在转型第一阶段,白银的流通性较差、稳定性较好,纸钞的流通性较好、稳定性较差,铜钱的流通性较差、稳定性一般。白银与铜钱位于第四象限,纸钞位于第二象限。在转型第二阶段,海外白银在短期内大量涌入中国,突破了国内白银流通性较差的瓶颈,白银从交换媒介二维属性分析框架的第四象限移至第一象限。转型第二阶段的白银是兼具流通性与稳定性的交换媒介。

第三,转型第一阶段的思路是利用制度设计替代兼具流通性与稳定性的交换媒介,转型第二阶段的思路是在流通性较好的交换媒介中剔除稳定性较差的交换媒介。在转型第一阶段,户部尚书邱浚试图利用白银、纸钞和铜钱构成的有机整体替代兼具流通性与稳定性的交换媒介。在"三币之法"中,纸钞是唯一流通性较好的交换媒介,基于此,邱浚并未剔除纸钞。纸钞的稳定性需要依靠与白银保持一定的兑换比例来维护。在转型第二阶段,流通性较好的交换媒介有白银和纸钞两种。考虑到纸钞的稳定性较差,故复合型白银流通制度经调整后剔除了纸钞。白银和铜钱均具有金属材质,政府也未严格管理白银与铜钱的兑换比例。

需要强调的是,白银、纸钞和铜钱三者之间的互动关系是近年来学术界研究的重点与难点。黑田明伸对此做出了较为全面的阐释。他认为,中国货币史上有世界其他地方罕见的三大特征:其一,用作流通的白银不是计枚(锭)核值,而是称量计算;其二,用贱金属(铜合金)而非金或银来铸币;其三,国家发行纸币的广泛流通远早于其他国家。只有厘清三大特征之间的关系,才能准确把握与白银相关的中国货币史的特点。[1]黑田明伸所说三大特征之间的关系反映了白银、纸钞和铜钱三者之间的互动关系。学者试图从货币思想史和货币史两

---

[1] [英]黑田明伸:《中国货币史上的用银转变:切片、称重、入账的白银》,《中国经济史研究》2020年第1期。

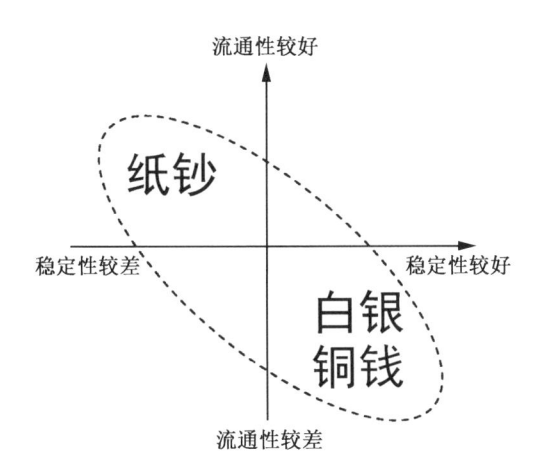

图 4.3 "银为上币"说的复合型白银流通制度

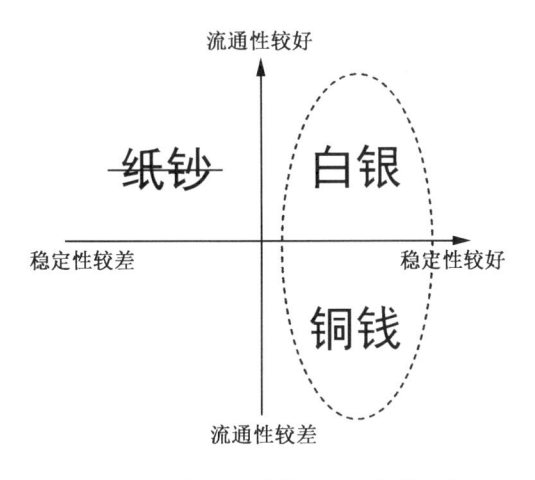

图 4.4 "银钱两权"说的去纸钞化调整方案

个角度研究白银、纸钞和铜钱三者之间的互动关系。邱永志将元明以降中国货币体系的变动过程划分为三个阶段,分别是基准转移、结构嵌入和信用离散。基准转移是指宋元时期中国货币体系经历了"铜钱价值基准"转向"白银价值基准"的过程;结构嵌入是指明前期白银作为基准价值的货币白银化过程持续展开;信用离散是指明清至近代以白银为主的货币结构出现了顶层信用缺失、正式制度发育不足等问题。[1]基准转移、结构嵌入和信用离散的划分反映了铜钱稀缺变伪、国家纸钞日渐崩坏、货币白银化之间的线性互动关系。但是，邱永志的分析较少涉及海外白银大量涌入中国对国内货币体系变动的影响，而何平对此较为重视。何平认为，白银货币的确立不仅决定于国内传统经济规模的大小，更决定于经济社会所处的全球一体化环境。后者即反映了海外白银大量涌入中国对国内货币体系变动的影响。值得一提的是，何平基于货币思想的分析概括了晚明时期货币制度变迁的特征，即以铜钱为价值尺度的多重结构转化为以白银为基准价值尺度的多重结构。[2]正是基于货币思想的分析，何平认为"铜钱价值基准"和"白银价值基准"是具有多重结构的货币制度。这意味着铜钱和白银在宋元明时期发挥价值基准的作用均需要由多种货币共同完成。货币制度的多重结构表明组成货币制度的多种货币之间存在着复杂的互动关系，但是何平并未深入探讨货币制度多重结构的具体特征。

就白银、纸钞和铜钱三者之间的互动关系而言，货币思想史的研究与货币史的研究可以互相结合、互相借鉴。本书建构流通性与稳定性的交换媒介二维属性分析框架，通过比较晚明时期货币思想转型两个阶段的差异，在一定程度上能够揭示白银、纸钞和铜钱三者之间的互动关系。第一，在宋元时期至明中期，由于白银并非兼具流通性与稳定性的交换媒介，铜钱和纸钞之间的互动关系表现为货币供给的"循环困局"。第二，在明中叶，"银为上币"说体现了思想层面白银与纸钞之间的互动关系，即通过制度设计用纸钞弥补国内白银流通性较差的缺陷、用白银弥补纸钞稳定性较差的缺陷。从而，邱浚"以银为上币"的"三币之法"表现为一种复合型白银流通制度。第三，在晚明时期，海外白银大量涌入中国使得白银成为兼具流通性与稳定性的交换媒介，"银钱两权"说体现了白银、纸钞和铜钱三者之间的互动关系。纸钞由于稳定性较差而被民众弃用；白银用于远距离交易和大额交易；铜钱用于近距离交易和小额交易。

---

[1] 邱永志、张国坤：《基准转移、结构嵌入与信用离散——近世货币变迁中的白银问题》，《中国经济史研究》2020年第1期。

[2] 何平：《传统中国的货币与财政》，人民出版社2019年版，第248页。

二、转型理论内涵的分析及其现实意义

基于白银、纸钞和铜钱三者之间的互动关系,晚明时期货币思想转型的理论内涵具有流通性改善和稳定性优化两个方面。需要强调的是,流通性改善和稳定性优化的承担主体不同。流通性改善指的是国内白银存量大幅增加可以满足市场流通的需要;稳定性优化指的是复合型白银流通制度调整方案剔除稳定性较差的纸钞。在"银为上币"说到"银钱两权"说的转型过程中,流通性改善和稳定性优化同步进行。更容易忽略的是,从偶然性和必然性的角度深入理解晚明时期货币思想转型的理论内涵。基于哲学的视角,偶然性和必然性之间同样存在着辩证统一关系。有学者指出:"纯粹的历史必然性只存在于逻辑之中,它是在各种偶然性因素之中表现出来的历史发展的一般趋势,它存在于偶然性之中;而偶然性中也有必然性,偶然性是必然性的表现和补充。"[1]国内白银流通性改善具有偶然性。晚明时期出现兼具流通性与稳定性的交换媒介是一个偶然事件,这一事件也是晚明时期货币思想转型的必要条件。纸钞被剔除具有必然性。流通性较好的交换媒介有了更多的选择,从而推动了货币制度设计剔除纸钞的必然发生。倘若没有海外白银在短期内大量涌入中国,那么晚明时期货币思想转型还将继续摸索。综合流通性与稳定性、偶然性与必然性的考察,晚明时期货币思想转型的理论内涵在古代货币思想史上具有独特地位。

如果将"银为上币"说、"银钱两权"说与现代货币发行理论做比较,则可体现出晚明时期货币思想转型的理论内涵具有重要的现实意义。现代货币发行理论主要有两种:一种是以米尔顿·弗里德曼为代表的货币国家化理论;另一种是以弗里德里希·冯·哈耶克为代表的货币非国家化理论。货币国家化理论主张货币由政府统一发行,国家信用是货币流通计价的基础;同时,货币国家化理论要求政府实施有效的政策,以管控货币供应量。相反,货币非国家化理论主张货币由私人竞争发行,货币供应量也由私人决定。从理论上讲,竞争发行的方式能够制约私人增加货币供应量的冲动,供应量较大、购买力贬值的货币极易被竞争淘汰。恰如哈耶克所说:"如果一种货币的发行量被一个机构刻

---

[1] 刘曙光:《社会历史的必然性、偶然性及其复杂性》,《湖湘论坛》2009年第3期。

意控制着,而这个机构的自私自利驱使它满足其使用者的愿望,则它就是一种最佳的货币。而一种货币,如果被操纵用来满足特定集团利益之需要,则必然是有可能出现的最恶劣的货币。"[1]但是,废除货币的国家信用后,货币的流通计价缺乏有力保证。

从交换行为对交换媒介的影响来看,"银为上币"说既有一定程度的货币国家化特点,又有一定程度的货币非国家化特点。从表面的理论建构来看,"银为上币"说、货币国家化理论和货币非国家化理论存在差异。但是,交换行为并不因时间和空间的不同而发生改变。在交换媒介二维属性分析框架内,流通性与稳定性为三者的比较提供了基准点。根据货币国家化理论,货币可以具有较好的流通性,但稳定性较差;根据货币非国家化理论,货币可以具有较好的稳定性,但流通性较差。在"银为上币"说的复合型白银流通制度中,铜钱和纸钞对商品交换的影响与货币国家化理论相近。明中期以前国内白银存量不充裕,白银对商品交换的影响与货币非国家化理论相近。"银为上币"说、货币国家化理论和货币非国家化理论均不能提供兼具流通性与稳定性的交换媒介。邱浚利用复合型白银流通制度替代兼具流通性与稳定性的交换媒介,这一思路为深入理解货币国家化理论和货币非国家化理论的实质与局限提供了一个以资借鉴的历史案例。

从"银为上币"说到"银钱两权"说的思想转型理论内涵同样可以分析货币国家化理论和货币非国家化理论的应用价值。兼具流通性与稳定性的交换媒介是流通货币的最佳选择。货币国家化理论需要优化稳定性,货币非国家化理论需要改善流通性。尽管晚明时期货币思想转型由偶然事件引起,但是基于交换行为的理论分析和不同时点的现实应用之间并无隔阂。不具备国家信用的交换媒介广泛流通在货币史上并不多见,哈耶克的货币非国家化理论尚停留在理论探讨层面。在主权国家的背景下,主权货币由中央银行统一发行。布雷顿森林体系崩溃后,主权货币与黄金脱钩,以国家信用作担保。中央银行负责调控货币供应量,择机扩张信用刺激经济增长、提高就业率。负面效应是通货膨胀助推稀缺性资产价格大幅上涨,扰乱市场的价格发现和资源配置功能,严重

---

[1] [英]弗里德里希·冯·哈耶克:《货币的非国家化》,新星出版社2007年版,第30页。

损害了企业家的创业创新精神。在货币国家化理论的语境下,政府宏观调控更应该充分考虑交换媒介的稳定性,平衡好经济增长与通货膨胀的关系,为企业家创造良好的经营环境。由此看来,晚明时期货币思想转型的理论内涵依然值得汲取。

第五章 "银钱并行"与"废银"的理念分歧：思想转型的阻力及其应对

货币制度变迁往往导致社会不同阶层之间的利益关系调整，白银流通会对社会某些阶层产生不利影响。以去纸钞化为中心的复合型白银流通制度调整方案削弱了政府增加货币供应量的能力。从"银为上币"说到"银钱两权"说的思想转型必然存在理念分歧。考察思想转型过程中的阻力及其应对，不仅能够反映"银为上币"说、"银钱两权"说与传统货币思想的差异，而且能够更全面地呈现货币思想的演进理路。

第一节 "银荒"问题的提出及其解决办法

16世纪海外白银大量涌入中国后，兼具流通性与稳定性的白银最符合交换行为的要求，推动了晚明时期货币思想从"银为上币"说到"银钱两权"说的转型。然而，在明末出现了流通白银短缺的"银荒"现象。针对"银荒"的形成原因和解决办法，有观点提出了废银主张。显然，废银主张与从"银为上币"说到"银钱两权"说的思想转型并不相容。梳理关于"银荒"问题的讨论，有助于深入理解货币制度变迁与商品经济运行的互动，对于完善宏观问题分析的方法论也具有借鉴意义。

第五章 "银钱并行"与"废银"的理念分歧：思想转型的阻力及其应对

一、"银荒"问题与废银主张的提出

（一）"银荒"问题的产生

海外白银大量涌入中国以后，白银作为主要流通货币的地位持续巩固。"银钱两权"说体现减少政府干预的特点，削弱了政府增加货币供应量的能力。然而在明末，政府的白银储备消耗殆尽。万历三十五年（1607年）八月，太仆寺少卿李思孝上疏："臣稽往牒，在嘉、隆间旧库积至一千余万，盛矣。迨万历十八年西征哱、刘，借一百六十万。东征倭，借五百六十余万。二十七年为边饷借五十万，又为征播借三十三万。三十一年又为边饷动老库二十一万，马价三十万。三十二年又以年例借三十万余。先是二十九年以边饷不给，顿借百万。前后所借在计部者已九百八十三万矣。而二十九年工部以大婚大礼借三十五万。三十一年光禄寺以年例借二万，又借三十七万。今老库见存者二十七万耳。"[1]崇祯年间财政状况进一步恶化，政府加征辽饷、剿饷、练饷，商品经济运行遭到极大破坏。《明史》记载："神宗末增赋五百二十万，崇祯初再增百四十万，总名辽饷。至是，复增剿饷、练饷，额溢之。先后增赋千六百七十万，民不聊生，益起为盗矣。"[2]与此同时，葡萄牙和西班牙海上贸易的衰落使得海外白银流入中国的数量减少。在政府爆发财政赤字和商品经济运行紊乱的背景下，明末出现了中国历史上第一次"银荒"。[3]黄宗羲形象地描绘道："夫银力已竭，而赋税如故也，市易如故也。皇皇求银，将于何所！"[4]

在"银荒"的现实挑战下，"银钱两权"说招致众多反对意见。当时的主流观点是，流通白银短缺造成了民众贫困。顾炎武[5]认为："中国之银在民间者已日消日耗，而况山僻之邦，商贾之所绝迹，虽尽鞭挞之力以求之，亦安所得哉！

---

[1]《明神宗实录》卷437。
[2] 张廷玉：《明史》卷252《列传第一百四十》，中华书局2000年版，第6515页。
[3] 参见萧清：《中国古代货币思想史》，人民出版社1987年版，第279页。
[4] 黄宗羲：《明夷待访录·财计一》，王云五主编：《丛书集成初编》第760册，商务印书馆1937年版，第27页。
[5] 顾炎武（1613—1682），字宁人，人称亭林先生，明末清初思想家、经学家、史地学家和音韵学家。

故谷日贱而民日穷,民日穷而赋日诎。"[1]王夫之[2]分析了流通白银短缺造成民众贫困的机制:"银之为物也,固不若铜、铁为械器之必需,而上类黄金,下同铅、锡,亡足贵者。尊之以为钱、布、粟、帛之母,而持其轻重之权,盖出于一时之制,上下竞奔走以趋之,殆于愚天下之人而蛊之也。故其物愈多,而天下愈贫也。采之自上,而禁下之采,则上积其盈,以笼致耕夫红女之丝粟,而财亟聚于上,民日贫馁而不自知。"[3]在经济运行过程中,流通白银短缺属于交换过程的经济事件。生产、分配、消费过程的某些经济事件也可能造成民众贫困。因此,考察民众贫困的原因应当从生产、交换、分配、消费的经济运行一般过程出发。况且,流通白银短缺的成因也有多方面。将民众贫困归因于流通白银短缺的逻辑链条难以成立。王夫之分析流通白银短缺造成民众贫困的机制,借用传统货币思想的概念,实则反映了商品经济运行的正常现象。王夫之认为白银"上类黄金,下同铅、锡,亡足贵者"的看法,受到货币"饥不可食、寒不可衣"的传统货币思想观点影响。在此基础上,王夫之借用传统货币思想的轻重概念,认为"上积其盈""以笼致耕夫红女之丝粟"的做法造成了民众贫困。事实上,政府公平使用白银购买商品,民众自愿出售商品获得白银,这是市场交易和货币支付的正常表现。民众获得白银后可购买需要的商品。贫困一般是指缺少可支配收入来源。王夫之对于流通白银短缺造成民众贫困的机制分析,从理论上讲难以成立。

(二)废银主张的提出

针对"银荒"问题,明末思想家提出了废银主张。黄宗羲[4]认为:"当今之世,宛转汤火之民,即时和年丰无益也,即劝农沛泽无益也,吾以为非废金银不可。"[5]黄宗羲列举了废除金银的7条好处:"粟帛之属,小民力能自致,则家易足,一也。铸钱以通有无,铸者不息,货无匮竭,二也。不藏金银,无甚贫甚富之

---

[1] 顾炎武:《亭林文集》卷1《钱粮论上》,《四部丛刊初编》第1607册。
[2] 王夫之(1619—1692),字而农,号姜斋,人称船山先生,明末清初思想家。
[3] 王夫之:《读通鉴论》卷20《太宗》,岳麓书社2011年版,第769页。
[4] 黄宗羲(1610—1695),字太冲,一字德冰,号南雷,别号梨洲老人,明末清初经学家、史学家、思想家、地理学家、天文历算学家、教育家。
[5] 黄宗羲:《明夷待访录·财计一》,王云五主编:《丛书集成初编》第760册,商务印书馆1937年版,第27页。

第五章 "银钱并行"与"废银"的理念分歧:思想转型的阻力及其应对

家,三也。轻赍不便,民难去其乡,四也。官吏赃私难覆,五也。盗贼胠箧,负重易迹,六也。钱钞路通,七也。"[1]明末提出的废银主张在传统货币思想中是新看法。[2]黄宗羲列举的废除金银七条好处中,第一、二、三、七条涉及商品经济运行。第一条仅仅基于生产过程的视角,并未从交换、分配、消费过程的视角探讨废除金银对民众生活的影响。故而,第一条得不出废除金银可以使小民"家易足"的结论。第二条提到货币供给和商品生产。根据货币数量论,货币供给和产出收入之间的关系受到货币流通速度与价格水平的影响。故而,第二条得不出废除金银可以使"货无匮竭"的结论。就第三条而言,明中期以前流通铜钱和纸钞,贫富差距依然存在。第三条显然不符合历史经验。需要指出的是,废除金银不仅会使交换过程发生改变,而且会使生产、分配和消费过程发生改变。从方法论的角度来看,生产、交换、分配和消费的经济运行一般过程是宏观经济分析的根本出发点。生产、交换、分配和消费的经济运行一般过程发生改变会导致社会不同阶层之间的利益关系调整。王夫之的分析方法没有全面考虑废除金银对经济运行一般过程的影响,其考察废除金银对社会不同阶层之间的利益关系调整也不具备现实基础。

更为重要的是,黄宗羲认为废除金银可以使"钱钞通路"。这意味着,废除金银以后,可供选择的流通货币只有铜钱和纸钞。黄宗羲分别阐述了废除金银后铸造铜钱和发行纸钞的办法。就铸造铜钱而言,黄宗羲认为:"诚废金银,使货物之衡尽归于钱。京省各设专官鼓铸,有铜之山,官为开采,民间之器皿,寺观之像设,悉行烧毁入局。千钱以重六斤四两为率,每钱重一钱,制作精工,样式画一,亦不必冠以年号。除田土赋粟帛外,凡盐酒征榷,一切以钱为税。"[3]

---

[1] 黄宗羲:《明夷待访录·财计一》,王云五主编:《丛书集成初编》第760册,商务印书馆1937年版,第27页。

[2] 有学者认为,黄宗羲所论废除白银的七条好处,充分反映了明代白银使用的职能偏重和社会经济影响。其中,加剧贫富分化是白银这种高价值货币的分布和占有不均导致的财富再分配效应。笔者认为,白银分布和占有不均是贫富分化的表现而不是原因。贫富分化是商品经济发展和市场规模扩大过程中出现的现象。分析贫富分化的原因应当立足于商品积极发展和市场规模扩大的全过程,即生产、交换、分配和消费的经济运行一般过程。参见何平:《"白银时代"的多维透视与明末的"废银论"》,《中国钱币》2020年第4期。

[3] 黄宗羲:《明夷待访录·财计二》,王云五主编:《丛书集成初编》第760册,商务印书馆1937年版,第28页。

就发行纸钞而言,黄宗羲认为:"每造一界,备本钱三十六万缗,而又佐之以盐酒等项。盖民间欲得钞,则以钱入库;欲得钱,则以钞入库;欲得盐酒,则以钞入诸务。故钞之在手,与见钱无异。其必限之以界者,一则官之本钱,当使与所造之钞相准,非界则增造无艺;一则每界造钞若干,下界收钞若干,诈伪易辨,非界则收造无数。"[1]不难看出,黄宗羲所述铸造铜钱和发行纸钞的办法与明中期以前铸造铜钱和发行纸钞的办法并无本质的区别。16世纪海外白银大量涌入中国后,白银作为主要流通货币的原因在于,其是兼具流通性与稳定性的交换媒介。废除金银后,铜钱流通性较差而稳定性一般,纸钞流通性较好而稳定性较差。黄宗羲的办法是钱钞并行以替代兼具流通性与稳定性的交换媒介:"且诚废金银,则谷帛钱缗,不便行远,而囊括尺寸之钞,随地可以变易,在仕宦商贾又不得不行。"[2]一旦政府为缓解财政赤字而增发纸钞,铜钱和纸钞将再一次陷入货币供给的"循环困局"。从这个角度讲,黄宗羲废除金银并流通铜钱和纸钞的办法与晚明时期从"银为上币"说到"银钱两权"说的货币思想转型正好相反。可以想见,黄宗羲废除金银并流通铜钱和纸钞的办法极易引起民众的反对。恰如李之藻[3]所说:"今民情不以钱币,而以银币,非一日矣,上又求金之使旁午,而积金之府岁拓,明夺其所欲,而予之以其所不欲,强而行之,无乃藉青蚨以愚黔首,天下攘攘,其亦有辞。"[4]

需要注意的是,黄宗羲分析废除金银的七条好处难以成立,废除金银并流通铜钱和纸钞的办法也难以实现,但是明末废银主张的提出具有一定的历史必然性。中国并非产银大国,明末又出现了外银内流减少的现象。有学者研究了外银内流减少对国内货币制度运行的影响。阿谢德认为,塞维利亚货币体系的紧缩导致流入中国的海外白银数量减少,进而使得国内商品经济运行紊乱并引发明末社会动荡。[5]艾维四的观点与阿谢德相近。艾维四指出,虽然明末社

---

[1] 黄宗羲:《明夷待访录·财计二》,王云五主编:《丛书集成初编》第760册,商务印书馆1937年版,第28页。

[2] 同上书,第29页。

[3] 李之藻(1565—1630),字振之,又字我存,号凉庵居士,又号凉庵逸民,万历进士,明代科学家。

[4] 李之藻:《铸钱议》,陈子龙等编:《皇明经世文编》卷484,《四库禁毁书丛刊》集部第29册,第471页下栏。

[5] [英]阿谢德:《17世纪中国的普遍性危机》,国家清史编纂委员会编译组:《清史译丛》第十一辑,商务印书馆2013年版,第37—52页。

会动荡不能简单归因于流入中国的海外白银数量减少,但是流入中国的海外白银数量减少在很大程度上破坏了明朝的稳定。[1]此外,岸本美绪还考察了晚明时期白银北流问题。岸本美绪认为,明代后期通过北境款市流出的白银数量较大,且增长速度也十分迅猛。岸本美绪概括了时人提出应对白银北流的办法,主要是开矿、铸钱、放开海上贸易。[2]外银内流减少和国内白银北流都会使得国内白银存量增长的速度放缓。根据货币数量论,在货币流通速度和价格水平保持不变的条件下,货币供应量增长速度放缓不利于产出收入增长的速度提高。[3]在明末,国内白银存量增长的速度放缓阻碍了商品经济的发展,同时也使得政府出现严重的财政赤字。为了应对外银内流减少和国内白银北流,一方面可以增开银矿、放开海上贸易;另一方面可以扩铸铜钱,必要时甚至可以禁止白银流通以维护铜钱流通。总的来说,"银钱两权"说提出后,在国内白银存量增长速度放缓的背景下出现废银主张具有一定的历史必然性。

二、流通白银短缺的解决办法

"银荒"问题是一个宏观议题。在"银荒"的背景下,倘若只是直观地从交换过程的视角分析,可以得出增开银矿、放开海上贸易、废除金银并流通铜钱和纸钞等的解决办法。但是,"银荒"的形成并不意味着白银已然不适合作为主要流通货币,增开银矿、放开海上贸易也无法在短时间内解决"银荒"问题。在明末,有观点把日常生产和生活的秩序作为分析的根本出发点,探讨"银荒"的形成原因及其解决办法。

---

[1] [美]艾维四:《1530—1650年前后国际白银流通与中国经济》《1635—1644年前后白银输入中国的再考察》,国家清史编纂委员会编译组:《清史译丛》第十一辑,商务印书馆2013年版,第78-104页。

[2] [日]岸本美绪:《晚明的白银北流问题》,《中国经济史研究》2020年第1期。

[3] 有学者认为,将白银短缺作为分析中国17世纪危机的学者,都简单地沿用了20世纪以来货币政策促进经济成长这种经济理论的分析逻辑。但是,这样做,一方面完全忽视了这个理论逻辑考察的货币已经完全不是实体货币,而是可以弹性供给的信用货币,其性质和流通规律自然不同于明清的白银或铜钱;另一方面,完全将明清的社会经济误看成现代市场经济,将货币的运动看成影响整体社会经济的主导因素。笔者认为,生产、交换、分配和消费的经济运行一般过程并不会因为时代的不同而发生变化。通过货币政策促进经济增长的根本动因在于扩大有效需求,对于实体货币和信用货币都适用。可以说,货币是影响整体社会经济的重要因素,运用货币政策促进经济增长的经济理论分析中国17世纪危机具有一定的参考价值。参见何平:《传统中国的货币与财政》,人民出版社2019年版,第272页。

(一)日常生产和生活面临的问题

宋应星[1]关注到明末动荡的社会环境:"西北寇患,延燎中原,其仅存城郭,而乡村镇市尽付炬烬者,不知其几。生民今日死于寇,明日死于兵,或已耕而田荒于避难,或已种而苗槁于愆阳,家室流离,沟壑相枕者,又不知其几。城郭已陷而复存,经焚而复构者,又不知其几。幸生东南半壁天下者,即苟延岁月,而官愁眉于上,民蹙额于下,盗贼旁午,水旱交伤,岂复有隆、万余意哉。"[2]动荡的社会环境不利于商品经济运行。宋应星指出生产停滞、市场失序的现状:"蚩蚩之民,目见勤苦耕桑,而饥寒不免,以为此无益之事也。择业无可为生,始见寇而思归之。从此天下财源,遂至于萧索之尽;而天下寇盗,遂至于繁衍之极矣。"[3]社会动荡和生产停滞的直接影响是商品供应锐减以及物价大幅上涨。礼部尚书徐光启[4]指出,明末物价大幅上涨导致民生凋敝的严重后果:"银钱愈多,粟帛将愈贵,困乏将愈甚矣。"[5]日常生产和生活的秩序实则反映了生产、交换、分配和消费的经济运行全过程。宋应星、徐光启二人的观点表明,明末不仅交换过程出现了问题,生产、分配、消费过程同样出现了问题。就生产过程而言,社会动荡加剧了生产经营的不确定性,资源配置遭到扭曲。就分配过程而言,偷盗抢劫等不公平行为扰乱了市场交易的秩序,同时也降低了民众从事生产经营的意愿。就消费过程而言,生产停滞导致消费物资短缺,民众生活需求无法得到保障。

(二)"银荒"形成的可能原因

从明末动荡的社会环境来看,"银荒"是日常生产和生活问题的集中体现。当时有观点认为,明末不存在"银荒",明末商品经济运行的主要问题是生产停滞。宋应星指出:"财之为言,乃通指百货,非专言阿堵也。今天下何尝少白金

---

[1] 宋应星(1587—?),字长庚,明代著名科学家。
[2] 宋应星:《野议·世运议》,《野议·论气·谈天·思怜诗》,上海人民出版社1976年版,第9页。
[3] 宋应星:《野议·民财议》,同上书,第10页。
[4] 徐光启(1562—1633),字子先,号玄扈,万历进士,官至崇祯朝礼部尚书兼文渊阁大学士。
[5] 徐光启:《徐光启集》卷5《钦奉明旨条画屯田疏》,中华书局1963年版,第237页。

第五章 "银钱并行"与"废银"的理念分歧：思想转型的阻力及其应对

哉！所少者,田之五谷、山林之木、墙下之桑、洿池之鱼耳。"[1]礼部尚书徐光启同样指出："唐宋之所谓财者,缗钱耳；今世之所谓财者,银耳。是皆财之权也,非财也。古圣王所谓财者,食人之粟,衣人之帛。故曰生财有大道,生之者重也。……故前代数世之后,每患财乏者,非乏银钱也；承平久,生聚多,人多而又不能多生谷也。"[2]在传统经济思想史方面,关于"财"的概念一直有两种理解。一种理解认为"财"是生产力,另一种理解认为"财"是货币。概念界定本无对错,重要的是,生产力和货币分别代表了商品经济的供给端和需求端。宋应星和徐光启都把生产力视为"财",白银只是"财之权"。故而,他们均认为明末商品经济运行的主要问题在于生产力困乏,而不在于白银流通。这也意味着,黄宗羲等人所说"银荒"的形成原因是生产力困乏,而不是白银流通。宋应星进一步提出,只要社会动荡结束、商品生产恢复,白银就能重新流通起来："有饶数物者于此,白镪黄金可以疾呼而至,腰缠箧盛而来贸者,必相踵也。"[3]

可以看出,关于"银荒"的形成原因,黄宗羲等人的结论与宋应星、徐光启等人的结论截然不同。置身明末,社会经济将会如何发展无法预知,黄宗羲等人的结论和宋应星、徐光启等人的结论不能用对错来评判。但是,两者的方法论可以比较。黄宗羲等人的分析仅仅是基于交换过程的视角,而宋应星、徐光启等人的分析则是基于生产、交换、分配、消费全过程的视角。商品经济的运行是一个有机整体。生产、交换、分配、消费中任意一个过程的经济事件都会影响其余三个过程。宏观问题分析最终往往体现社会不同阶层之间的利益关系调整。而实质上,生产、交换、分配、消费四个过程的相互影响就是不确定性条件下社会不同阶层之间利益关系调整的博弈。从这个意义上讲,在宏观问题分析中,生产、交换、分配、消费的全过程不可分割。客观地讲,就方法论而言,基于生产、交换、分配和消费全过程的视角分析宏观问题更具说服力。

（三）流通白银短缺的解决办法

既然宋应星和礼部尚书徐光启认为明末商品经济运行的主要问题在于生

---

[1] 宋应星:《野议·民财议》,《野议·论气·谈天·思怜诗》,上海人民出版社1976年版,第9页。
[2] 徐光启:《徐光启集》卷5《钦奉明旨条画屯田疏》,中华书局1963年版,第237页。
[3] 宋应星:《野议·民财议》,《野议·论气·谈天·思怜诗》,上海人民出版社1976年版,第9页。

产力因乏,那么解决流通白银短缺的办法就要取决于恢复生产力。针对农田荒芜,徐光启主张兴修水利设施:"其不能多生谷者,土力不尽也;土力不尽者,水利不修也。能用水,不独救旱,亦可弥旱。"[1]徐光启写《农政全书》,初衷便是"因悟世无弃土,人病坐食";"空以委盗,害莫巨焉"。[2]张溥称其师徐光启之书"不尚奇华,言期可用"[3]。有学者考察了宋应星的经济思想,指出其借助市场竞争以消除明末社会经济积弊,与明末商品经济发展的动向是一致的。[4]需要注意的是,徐光启和宋应星的主张难以被政府采纳。宋应星自忖"朝议已无欲讷之人,而野复有议,如世道何?"[5]明末社会动荡,恢复正常的生产经营和白银流通需要较长的时间。为了较快地解决流通白银短缺的问题,同时也为了缓解财政赤字,政府倾向于采取铸造虚值大钱或发行纸钞的做法。事实上,明末政府试图发行纸钞最终以失败告终。《明史》记载:"钞法自弘、正间废,天启时,给事中惠世扬复请造行。崇祯末,有蒋臣者申其说,擢为户部司务。倪元璐方掌部事,力主之,然终不可行而止。"[6]流通白银短缺的根源在于社会动荡、生产停滞、市场失序,与白银作为主要流通货币并无关联。即使废除金银、流通铜钱,同样会产生"钱荒"的问题。认为"钞止方寸腐败之楮,加以工墨,命百则百,命千则千"[7]的观点,更是无稽之谈。

总的来说,明末社会动荡,关于"银荒"成因及其解决办法的分析多种多样。废除金银、流通铜钱和纸钞的主张并不少见。明末也有观点认为,流通白银短缺的根源在于生产停滞、市场失序。观点的差异是正常现象,重要的是建构识别观点差异的理论逻辑和方法论。兼具流通性和稳定性的交换媒介是流通货币的最佳选择。生产、交换、分配和消费的经济运行一般过程是宏观经济分析的根本出发点。理论逻辑和方法论既可用于分析过去,也可用于研判未来。恰如吴承明所说:"历史本来是多样性的,多样之中有共同性的东西。前瞻性分析

---

[1] 徐光启:《徐光启集》卷5《钦奉明旨条画屯田疏》,中华书局1963年版,第237页。
[2] 石声汉:《农政全书校注》"张溥原序",上海古籍出版社1979年,第2页。
[3] 同上。
[4] 参见赵靖:《中国经济思想通史》第四卷,北京大学出版社2002年版,第169—174页。
[5] 宋应星:《野议·野议序》,《野议·论气·谈天·思怜诗》,上海人民出版社1976年版,第3页。
[6] 张廷玉:《明史》卷81《食货五》,中华书局2000年版,第1969页。
[7] 钱秉镫:《田间文集》卷7《钱钞议》,《续修四库全书》第1401册,第97页下栏。

与回顾性分析相结合,可以避免先验论,符合历史多样性的本来面貌,取得比较客观的判断。"[1]

第二节 货币发行权归属问题的争议及其影响

在古代货币史上,晚明时期白银流通是一个极具特殊性的事件。一方面,明中期以前流通的铜钱和纸钞均由政府提供,而晚明时期流通的白银却不由政府提供。这不得不引发社会关于货币发行权归属问题的争议。另一方面,货币发行权归属问题关系到政府实施货币政策的绩效。可以说,反对政府丧失货币发行权的观点是从"银为上币"说到"银钱两权"说的思想转型阻力之一。在不同的社会背景下,关于货币发行权归属问题的不同观点会呈现不同的演变特征。思想争论的焦点往往就是利益关系调整的关键。深入思考货币发行权归属问题的争议及其对货币思想讨论的影响,有助于揭示晚明时期货币制度变迁导致政府和民众之间利益关系调整的逻辑线索。

一、货币发行权归属问题的提出

货币发行权归属问题是货币思想讨论的重要议题。

一是说明货币发行权归属政府抑或归属私人,并不能用对错评判。在理论研讨中,既有学者主张货币发行权归属政府,也有学者主张货币发行权归属私人。弗里德里希·冯·哈耶克提出的货币非国家化理论是货币发行权归属私人的代表性理论。同时,货币发行权的不同归属会影响生产、交换、分配、消费的经济运行一般过程。从这个意义上讲,货币发行权归属问题的实质就是政府与民众之间的利益关系调整。

二是说明在历史上,货币发行权归属政府是常见的现象。周景王二十一年(公元前524年),单穆公提出当国家遇到灾荒时政府可以"量资币,权轻重"[2]。单穆公的观点暗含了货币发行权归属政府的事实。《管子》多次提出

---

[1] 吴承明:《经济史:历史观与方法论》,上海财经大学出版社2006年版,第277—278页。
[2] 《国语》卷3《周语下》,上海古籍出版社1978年版,第118页。

货币发行权归属政府的观点。《管子·山至数》提到:"君有山,山有金,以立币。"[1]《管子·国蓄》提到:"人君铸钱立币,民庶之通施也。"[2]政府允许私人铸造铜钱的现象仅在西汉初期短暂出现过。《汉书》记载:"汉兴,以为秦钱重难用,更令民铸荚钱……孝文五年……除盗铸钱令,使民放铸。"[3]当时,私人铸钱以吴王刘濞和大夫邓通为主,《汉书》形容"吴、邓钱布天下"[4]。自汉武帝统一币制后,私人铸造铜钱一直为政府所禁止。

然而,在晚明时期,国内白银存量大幅增加的根源是海外白银通过民间对外贸易的渠道大量涌入中国。白银作为主要流通货币,其供应量并不受政府控制。这意味着,在银钱并行的背景下,政府虽未允许私人铸造铜钱,但实质上已经部分地丧失了货币发行权。对此,学术界从两方面展开研究晚明时期政府部分地丧失货币发行权的问题。一方面,从制度建设的角度来看,晚明时期白银没有明确的货币发行管理办法。学者考察了明代史籍有关典章制度的记载,唯见"钞法"与"钱法",并不见白银或者说"银法"。从这个意义上讲,白银不是明朝的法定货币,也就没有制度可言。[5]另一方面,从货币形态的角度来看,称量形态的白银不具备政府信用。学者指出了称量形态货币的现实意义:"因为是称量形态的,所以货币实际是一种不带有政府印记的贵重矿物——是直接的经济生产品,可以从矿冶生产中来,可以由私人融销银器来,可以从遥远的北美或者隔海的日本而来,只有成色与重量标准,没有权威性发行者的信用标准。于是,政府在主要货币体系运行中成了一个被动的环节和使用、收储者。"[6]总的来说,自汉武帝统一币制后,货币发行权归属政府的惯例在晚明时期被打破。这一不同寻常的现象引起了晚明时期货币思想的讨论。

吏部左侍郎靳学颜反对政府丧失货币发行权:"故曰圣人之大宝曰位。因位而制权,因权而制用。故又曰钱者权也,人主操富贵之权,以役使奔走乎天下。故一代之兴则制之。一主之立则制之。改元则制之军国不足则制之。此

---

[1] 黎翔凤:《管子校注》卷22《山至数》,中华书局2004年版,第1322页。
[2] 黎翔凤:《管子校注》卷22《国蓄》,中华书局2004年版,第1266页。
[3] 班固:《汉书》卷24下《食货志第四下》,中华书局1962年版,第1152、1153页。
[4] 同上书,第1157页。
[5] 参见万明主编:《晚明社会变迁问题与研究》,商务印书馆2005年版,第143页。
[6] 赵轶峰:《明代白银货币称量形态对国家——社会关系的含义》,《史学月刊》2014年第7期。

第五章 "银钱并行"与"废银"的理念分歧:思想转型的阻力及其应对

经国足用之一大政也,奈何废而不举。"[1]靳学颜认为,政府丧失货币发行权有两方面弊端:其一,不利于政府调控货币经济。靳学颜指出:"银独行则豪右之藏益深而银益贵,银贵则货益贱。而折色之办益难。而豪右者又乘其贱而收之。时其贵而粜之。银之积在豪右者愈厚。而银之行于天下者愈少。再踰故年,臣不知其又何如也。"[2]其二,不利于政府维护社会稳定。靳学颜将晚明时期白银流通和西汉初期政府允许私人铸造铜钱做对比,认为两者的结果相近:"昔汉文帝之宠邓通也,曰吾能富之,赐以蜀山之铜,而邓氏之钱满天下。夫邓氏之钱满天下,则天下之货萃于邓氏明矣。吴王濞擅铸山之利、而辄称兵汉廷与之抗,亦不过窃汉廷之权明矣。夫以窃一日之权,尚足以得民而抗汉。况以万乘而自振其权,可胜用哉。"[3]

靳学颜依据子母相权论和轻重论分析白银流通的弊端。在古代货币思想史上,单旗的子母相权论和《管子》的轻重论奠定了政府调控货币经济进而维护社会稳定的理论框架。《管子·山国轨》揭示了政府运用这一理论框架的具体方式:"国币之九在上,一在下。币重而万物轻,敛万物,应之以币。币在下,万物皆在上,万物重十倍。府官以市櫎出万物,隆而止。国轨,布于未形,据其已成,乘令而进退,无求于民,谓之国轨。"[4]其中,"国币之九在上"意味着政府拥有非常雄厚的货币储备。更关键的是,若要实现"乘令而进退,无求于民",货币发行权必须归属政府:当货币储备不足时,政府可以通过增发货币进行补充,而不是增加税收。换言之,货币发行权归属政府能够保证政府拥有非常雄厚的货币储备。然而,晚明的情形是"江南富室有积银至数十万两者,今皇上天府之积,亦不过百万两以上……是不过数十里富室之积足以相拟矣"[5]。白银流通使政府部分丧失了货币发行权,相较于《管子·山国轨》所说的"无求于民",政府储备白银也须求诸民间对外贸易的渠道。倘若此时政府的白银储备又不足,

---

[1] 靳学颜:《讲求财用疏》,陈子龙等编:《皇明经世文编》卷299,《四库禁毁书丛刊》集部第26册,第470页下栏、471页上栏。

[2] 同上书,第470页上栏、下栏。

[3] 同上书,第471页上栏、下栏。

[4] 黎翔凤:《管子校注》卷22《山国轨》,中华书局2004年版,第1284—1285页。

[5] 靳学颜:《讲求财用疏》,陈子龙等编:《皇明经世文编》卷299,《四库禁毁书丛刊》集部第26册,第471页上栏。

政府显然不能运用子母相权论和轻重论管理白银流通并维护社会稳定。基于此,靳学颜反对政府丧失货币发行权,切中了白银流通不利于政府实施货币政策的要害。

靳学颜反对政府丧失货币发行权的观点和从"银为上币"说到"银钱两权"说的转型路径并不相容。"银钱两权"说的核心内容是以去纸钞化为中心的复合型白银流通制度调整方案。被剔除的纸钞是政府最偏爱的解决财政赤字的途径,从而使得"银钱两权"说体现出减少政府干预的特点。事实上,在思想转型第一阶段,户部尚书邱浚非常重视货币发行权归属问题。邱浚认为:"夫天生物以养人,如茶、盐之类,弛其禁可也。钱币乃利权所在,除其禁,则民得以专其利矣,利者争之端也。"[1]因此,邱浚设计"以银为上币"的"三币之法"时,将货币发行权归属政府的铜钱与纸钞用作日常使用的流通货币。邱浚还指出,货币发行权归属政府的制度设计目的是调控货币经济、维护社会稳定:"上之人苟以利天下为心,必操切之,使不至于旁落。上焉者,不至为刘濞以灭家,下焉者,不至为邓通以亡身。则利权常在上,得其盈余,以减田租,省力役。又由是以赈贫穷,惠鳏寡,使天下之人,养生丧死,皆无憾。"[2]从实质上讲,邱浚和靳学颜关于货币发行权归属政府的重要性分析并无差别。从"银为上币"说到"银钱两权"说的转型路径偏离了货币发行权归属政府的一贯主张,从而在当时引发了较多的反对意见。

需要注意的是,货币发行权归属问题在不同流通货币的背景下均可存在。在白银流通的背景下,靳学颜提出反对政府丧失货币发行权的观点。考察古代货币思想史,在铜钱流通的背景下,反对政府允许私人铸造铜钱的观点也不鲜见。西汉初期,贾山就对汉文帝废除盗铸钱令提出反对意见:"钱者,亡用器也,而可以易富贵。富贵者,人主之操柄也,令民为之,是与人主共操柄,不可长也。"[3]在盐铁会议上,御史大夫桑弘羊再次与贤良文学讨论汉文帝废除盗铸钱令的政策利弊。桑弘羊进一步阐释了贾山的反对意见:"民大富,则不可以禄使也;大强,则不可以罚威也。非散聚均利者不齐。故人主积其食,守其用,制

---

[1] 邱浚:《大学衍义补》卷26《铜楮之币上》,京华出版社1999年版,第250页。
[2] 邱浚:《大学衍义补》卷27《铜楮之币下》,京华出版社1999年版,第254页。
[3] 班固:《汉书》卷51《贾邹枚路传第二十一》,中华书局1962年版,第2337页。

其有余,调其不足,禁溢羡,厄利涂,然后百姓可家给人足也。"[1]唐玄宗时期,宰相张九龄提议"官铸所入无几,而工费多,宜纵民铸"[2]。左监门录事参军刘秩表示反对:"夫物重则钱轻,钱轻由乎物多,多则作法收之使少;少则重,重则作法布之使轻。轻重之本,必由乎是,奈何而假于人?"[3]刘秩还以吴王刘濞、大夫邓通为例,担忧"贫者弥贫而服役于富室,富室乘之而益恣"[4]。对比晚明时期靳学颜反对政府丧失货币发行权的观点和古代货币思想史上反对政府允许私人铸造铜钱的观点,可以看出货币发行权归属问题的共通性。无论是流通白银还是流通铜钱,货币发行权归属政府一直是政府调控货币经济进而维护社会稳定的重要保障。赵轶峰概括了政府丧失货币发行权的弊端:"国家失去了通过货币发行调控市场的能力和利用货币流通量控制增加财政弹性的能力,因而长期陷于财政困境。"[5]

二、货币发行权归属争议的影响

(一)"银钱两权"说的边缘化

"银钱两权"说主张白银和铜钱并行流通,不再强调白银的使用界限,包含了货币发行权不必归属政府的观点。货币发行权归属政府是政府调控货币经济、缓解财政赤字、维护社会稳定的重要保障。当社会发生动荡时,抑或政府出现严重的财政赤字时,主张货币发行权不必归属政府的观点在货币思想讨论中往往会表现出边缘化的特征。16世纪海外白银大量涌入中国,白银替代铜钱和纸钞成为主要的流通货币,政府丧失货币发行权的问题一直存在。随着晚明时期社会背景的变化,"银钱两权"说在货币思想讨论中表现出不同的特征。

在嘉靖、隆庆、万历时期,"银钱两权"说在货币思想讨论中暂未表现出边缘化的特征。原因主要有两个方面:其一,当时社会相对稳定,政府没有较大的财政支出;其二,政府逐步推行摊役入赋、计亩征银的"一条鞭法"改革,以应对白

---

[1] 王利器:《盐铁论校注》卷1《错币第四》,中华书局2017年版,第51页。
[2] 欧阳修、宋祁:《新唐书》卷54《食货四》,中华书局1975年版,第1385页。
[3] 刘昫:《旧唐书》卷48《食货上》,中华书局1975年版,第2098页。
[4] 同上。
[5] 赵轶峰:《明代白银货币称量形态对国家——社会关系的含义》,《史学月刊》2014年第7期。

银储备的不足。明初的赋役制度将人口束缚于田地作为税基,便于征收实物和编排差役,不便于征收白银。"一条鞭法"改革的实质是建构便于征收白银的税基。《明史》记载:"一条鞭法者,总括一州县之赋役,量地计丁,丁粮毕输于官。一岁之役,官为佥募。力差,则计其工食之费,量为增减;银差,则计其交纳之费,加以增耗。凡额办、派办、京库岁需与存留、供亿诸费,以及土贡方物,悉并为一条,皆计亩征银,折办于官,故谓之一条鞭。"[1]考虑到人口流动的影响,"一条鞭法"将里甲差役、岁需诸费、土贡方物等摊入田赋。易于统计的田地成为比人口更重要的税基,从而确保白银的征收。嘉靖、隆庆、万历时期商品经济运行的环境良好,"一条鞭法"改革在一定程度上增加了政府的白银储备。《明史》称:"自正、嘉虚耗之后,至万历十年间,最称富庶。"[2]

万历以后社会动荡,政府出现了严重的财政赤字,"银钱两权"说遂在货币思想讨论中表现出边缘化的特征。原因主要在于,"银钱两权"说既包含了货币发行权不必归属政府的观点,又不能提出缓解政府财政赤字的办法。当时,军费支出庞大,政府丧失货币发行权的弊端骤然凸显。天启七年(1627年),户科都给事中段国章指出政府白银储备已不敷支用:"今太仓之出数,较之入数多一百六十三万四千余两,以致司农束手。"[3]从理论上讲,政府缓解财政赤字的途径有增加税收和增发货币两种。然而,社会动荡导致商品经济运行紊乱,民众难以承受过重的税收负担。若依照"银钱两权"说维持白银流通,则政府无法在短期内筹集到大量白银。若想通过增发货币缓解财政赤字,可供政府选择的办法只有铸造铜钱与发行纸钞。事实上,这也是当时货币思想讨论的重点。崇祯元年(1628年),户科右给事中黄承昊以"钱粮耗蠹已甚"为由,提议"严私铸,以通钱法,下所司实行"[4]。兵科给事中陈子龙以"民间子钱家多用券""商贾轻赍往来则用会"[5]为由,提议发行纸钞。从这个角度来说,"银钱两权"说的边缘化是货币思想讨论以政府制定货币政策为导向的结果。需要注意的是,"银钱两权"说的边缘化并不代表白银不再适合作为主要流通货币。铜钱和纸钞均

---

[1] 张廷玉:《明史》卷78《食货二》,中华书局2000年版,第1902页。
[2] 张廷玉:《明史》卷222《列传第一百十》,中华书局2000年版,第5856页。
[3] 《明熹宗实录》卷83。
[4] 《崇祯长编》卷10。
[5] 参见王鎏:《钱币刍言》,《续修四库全书》第838册,第615页上栏。

第五章 "银钱并行"与"废银"的理念分歧：思想转型的阻力及其应对

不是兼具流通性与稳定性的交换媒介。在财政赤字的背景下，政府铸造虚值大钱与增发纸钞极易造成严重的通货膨胀，对于缓解财政赤字并无助益。一旦社会动荡结束，白银流通和政府税收也会恢复。

从文化理念的层面来看，"银钱两权"说的边缘化反映了晚明时期货币思想转型的自由放任倾向和崇尚尊君的集权传统彼此对立。晚明时期货币思想转型的自由放任倾向与明中叶的自由主义实学思潮紧密相关。在城市市民阶层崛起和社会上商人地位不断提高的背景下，明中叶兴起了一场自由主义实学思潮，肯定人的自利心和工商业的重要性。[1] 姚安知府李贽[2]将"人伦物理"的圣贤境界纳入"穿衣吃饭"的人欲之中，"除却穿衣吃饭，无伦物矣"[3]。与程朱理学割裂天理和人欲的观点不同，李贽认为人的自利心具有普遍性，人欲之外别无天理。换言之，人欲不应受到批判。南京兵部尚书王守仁[4]提出了"致良知"之说，认为只要不违背良知，民众从事工商业便值得肯定："良知只在声、色、货、利上用功。能致得良知精精明明，毫发无蔽，则声、色、货、利之交，无非天则流行矣。"[5]"银钱两权"说包含了货币发行权不必归属政府的观点，被其剔除的纸钞是政府缓解财政赤字最快捷的办法。基于明中叶自由主义实学思潮对人性和工商业的理解，"银钱两权"说在一定程度上表明了民众维护白银流通和财富积累的正当性。诚如谢肇淛所说，白银流通使得货币"复归本质"，即减少政府对货币制度的干预："夫银钱之所以便者，水火不毁，虫鼠不侵，流转万端，复归本质。盖百货交易，低昂淆乱，必得一至无用者，衡于其间，而后流通不息。此圣人操世之大术也。"[6]明中叶自由主义实学思潮与崇尚尊君的集权传统格格不入。这种矛盾关系的实质是社会不同阶层之间的利益关系调整。王守仁指出，在历史上多数时期，君主的王霸事业为的是富国而不是富民："霸者之徒，窃取先王之近似者，假之于外，以内济其私己之欲，天下靡然而宗之……欲以见

---

[1] 参见马涛主编：《新编经济思想史》第一卷，经济科学出版社2016年版，第405页。
[2] 李贽(1527—1602)，字宏甫，号卓吾，嘉靖三十一年(1552年)举人，明代官员、思想家、文学家，泰州学派的代表人物。
[3] 陈仁仁：《焚书·续焚书校释》，岳麓书社2011年版，第21页。
[4] 王守仁(1472—1529)，本名王云，字伯安，号阳明，明代杰出的思想家、文学家、军事家、教育家。
[5] 王守仁：《王阳明全集》第一册《传习录下》，线装书局2014年版，第138页。
[6] 谢肇淛：《五杂俎》卷12《物部四》，中华书局1959年版，第357页。

诸行事之实者，极其所抵，亦不过为富强功利五霸之事业而止。"[1]万历以后，政府急于缓解财政赤字，货币思想的讨论又回到以富国强兵、巩固君权为目的的话语体系中。总的来讲，晚明时期货币思想转型的自由放任倾向和崇尚尊君的集权传统彼此对立也意味着流通白银惠民利商的富民之术和铸大钱行钞法的富国之术彼此对立。

(二)货币发行权视域下的政府民众利益调整

整体来看，考察货币发行权归属问题的争议，在一定程度上能够揭示晚明时期货币制度变迁导致政府和民众之间利益关系调整的逻辑线索。有学者考察了影响货币行用的基本因素，首先是政府，其次是市场。就政府而言，"政府以'权柄'之类方式意识到了货币对社会经济的重要性，但在实际政策的制定中更直接的考虑当属其自身财政运作的需要"[2]。市场对货币行用的影响体现在两个方面："一是调节各种通货及币材的生产(包括私铸、私销)与流通；二是通过一定的市场组织来集中交易，形成相对标准化的行市并予以扩散。"[3]政府的"权柄"是指货币发行权归属政府，而市场则代表了日常使用货币的民众。还有观点从方法论的角度指出明代白银货币化研究需要关注国家与社会的转型关系，以及国家、市场、社会具体问题与重要理论问题的关系。这类观点强调："从学术史角度来看，不仅需要突破中国传统国家与社会高度一元化模式，也要突破现代西方国家与社会二元对立模式；既要避免国家至上的以国家为中心的倾向，也要避免社会至上的以社会为中心的倾向。"[4]

现有研究为探讨晚明时期货币制度变迁导致政府和民众之间利益关系调整的逻辑线索提供了有益的启发。一方面，出于财政开支的考虑，政府倾向于选择货币发行权归属政府的货币；另一方面，民众同样出于自身利益的考虑，倾向于选择既可用于流通计价又可用于财富积累的货币。在晚明时期，流通货币从铜钱和纸钞演变为白银和铜钱。白银作为主要流通货币，削弱了政府增加货

---

[1] 王守仁：《王阳明全集》第一册《传习录中》，线装书局2014年版，第79、80页。
[2] 彭凯翔：《货币化与多元化：白银挑动下的明清货币"复调"》，《中国经济史研究》2019年第6期。
[3] 同上。
[4] 万明：《明代白银货币化研究20年——学术历程的梳理》，《中国经济史研究》2019年第6期。

币供应量的能力,从"银为上币"说到"银钱两权"说的货币思想转型路径体现出减少政府干预的特点,从而引发了货币发行权归属问题的争议。基于晚明时期货币思想转型的特征,同时结合思想转型的阻力分析,晚明时期货币制度变迁导致政府和民众之间利益关系调整的逻辑线索可分为三个阶段。

第一阶段,明中期以前的货币制度对政府有利。明中期以前,流通货币主要是铜钱和纸钞。一方面,铜钱笨重且价值低,纸钞易贬值,两者都不能同时满足民众对结算支付和财富积累的要求;另一方面,铜钱与纸钞的货币发行权归属政府,因此,无论流通货币是铜钱还是纸钞,政府都可以通过铸造虚值大钱或增发纸钞的办法缓解财政赤字。也就是说,明中期以前,民众无法避免被政府征收铸币税。

第二阶段,在嘉靖、隆庆、万历时期,货币制度变迁同时满足了政府和民众的利益。16世纪海外白银大量涌入中国后,白银成为主要的流通货币,纸钞被民众弃用。白银是兼具流通性与稳定性的交换媒介,民众既可将其用于结算支付,又可用于财富积累。同时,随着人口流动增加和商品经济发展,明初将人口束缚于田地作为税基的赋役制度不便于征收白银。于是,政府推行"一条鞭法"改革,构建便于征收白银的税基。在商品经济运行环境良好的条件下,"一条鞭法"改革在一定程度上增加了政府的白银储备。

需要注意的是,晚明时期货币制度变迁同时满足政府和民众双方利益的协调状态并不稳固。作为主要流通货币的白银,其供应量并不受政府控制。政府已然部分丧失了货币发行权。一旦出现较大的财政支出,白银储备又不足,政府将难以缓解财政赤字。内阁首辅张居正敏锐地察觉到白银流通给政府带来的潜在危机,并且对此深感忧虑:"乃今一岁所出,反多于所入,如此年复一年,旧积者日渐消磨,新收者日渐短少,目前支持,已觉费力,脱一旦有四方水旱之灾、疆场意外之变,何以给之?此皆事之不可知而势之所必至也。比时欲取之于官,则仓廪所在皆虚,无可措处,欲取之于民,则膏血已竭,难以复支,而民穷势促,计乃无聊,天下之患,有不可胜讳者,此臣等所深忧也。"[1]嘉靖、隆庆、万历时期,政府通过"一条鞭法"改革储备白银,但这并不表示白银储备不会耗尽。

---

[1] 李诩:《戒庵老人漫笔》卷7《江陵论财富揭帖》,中华书局1982年版,第294页。

未来充满不确定性,无人能够预知白银储备耗尽的具体时间。张居正所说"此皆事之不可知而势之所必至也",很好地诠释了白银流通同时满足政府和民众双方利益的不稳固状态。

第三阶段,万历以后的社会动荡时期,白银作为主要流通货币对政府产生了极其不利的影响。万历以后,社会发生动荡,商品经济运行紊乱使得"一条鞭法"改革无法征收到大量白银。白银储备耗尽以后,政府便无法应对较大的财政支出。嘉靖、隆庆、万历时期货币制度变迁同时满足政府和民众双方利益的不稳固状态被打破,政府丧失货币发行权的弊端骤然凸显。为缓解财政赤字,政府试图重建明中期以前的货币制度,通过铸造虚值大钱和增发纸钞的办法征收铸币税。然而,铜钱和纸钞均不是兼具流通性与稳定性的交换媒介。在晚明时期出现兼具流通性与稳定性的交换媒介之后,货币制度不可能回到明中期以前的情形。相比明中期以前的货币制度,白银作为主要的流通货币得以使民众避免被政府征收铸币税。这正是张居正所说"计乃无聊"的深意。

赵轶峰探讨了明清货币制度反映的权力与财富关系。权力与财富即代表了政府和市场。赵轶峰指出,其一,明初"宝钞"的失败体现权力生硬控制财富的货币形式。其二,称量白银作为主要货币的体系使明代国家基本丧失了货币控制权,因而丧失了调配社会财富的一项重要手段。其三,明清两代的权力与财富关系发生了深刻的变化。[1] 不难看出,赵轶峰在考察明清货币制度反映的权力与财富关系时,货币发行权归属问题仍是主要线索。海外白银大量涌入中国以后,兼具流通性与稳定性的白银成为主要的流通货币。政府部分丧失了货币发行权,"一条鞭法"的推行就是为了应对政府白银储备不足的潜在困境。但是,赵轶峰认为,明清两代权力与财富关系发生的深刻变化主要体现在清朝适应和参与商品货币关系的程度远远超过明朝。清前期,政府重开明朝封禁的一些国内铜矿,组织官商私人出洋"办铜",并在各省开炉铸造钱币,为社会提供了相对充足的铜铸币。[2] 从交换媒介二维属性分析框架来看,白银和铜钱在流通性与稳定性上有着明显的差异。清前期,社会动荡结束,商品经济逐步恢

---

[1] 赵轶峰:《权力与财富——对明清社会结构变化的一种侧面观察》,《中国经济史研究》2021年第1期。

[2] 同上。

复发展,市场需要适用于近距离交易和小额交易的货币。这一时期政府积极铸造铜钱可以满足市场的需要,但这并不能代表清朝适应和参与商品货币关系的程度远远超过明朝。在道光年间,国内出现了"银贵钱贱"的情形,表明市场需要适用于远距离交易和大额交易的货币。此时,政府无法通过积极铸造铜钱的办法来满足市场的需要。换言之,就白银作为主要流通货币而言,清朝适应和参与商品货币关系的程度与明朝并无实质的区别。

晚明时期的货币思想转型与货币制度变迁为国家治理能力的研究提供了参考和镜鉴。一般而言,国家治理能力是指国家制度制定和执行的综合能力。货币政策的制定和执行是国家治理能力的其中一方面。在现代国家,货币发行权归属政府。中央银行负责制定和执行货币政策,调控国民经济运行。然而,晚明时期白银成为主要流通货币意味着政府部分丧失了货币发行权。政府制定执行货币政策难以调控国民经济,国家治理能力大幅削弱。比较现代国家和晚明时期可知,国家治理能力的实现需要具备一定的前提条件。以货币政策为例,实现国家治理能力的前提之一是货币发行权归属政府。倘若这一前提不具备,那么政府就需要通过财政、税收等方面的制度设计来弥补国家治理能力。晚明时期的货币思想转型与货币制度变迁还表明,当经济环境发生改变时,国家治理能力也可能出现波动。政府完善相关制度加强国家治理能力是一个动态渐进的过程。考察国家治理能力应当立足于特定的经济环境,分析有利于国家治理能力实现的具体条件,以及在经济环境发生改变时加强国家治理能力的应对措施。

第六章 货币供给探讨的延续：思想转型的历史影响

海外白银大量涌入中国决定了晚明时期货币思想转型的特殊性。白银成为主要流通货币之后，一旦市场上流通白银出现缺陷的现象，货币供给的探讨便随之出现。明清时期，银钱并行的局面维持了四百余年，货币供给的探讨也延续下来。本章梳理货币供给探讨延续的特征，希望从更长的时段对晚明时期货币思想转型做出客观合理的评述。

第一节 货币供给探讨的延续

明末以后，针对货币供给的问题，中国又出现了两次较大的探讨：一次发生在清前期，另一次发生在道光年间。从形成背景和主要内容来说，两次探讨既有区别，又有联系。从长时段的视野来看，明末、清前期、道光年间三次货币供给的探讨具有相似的结构特征。

一、货币供给探讨的两次延续

(一)"康熙萧条"时期关于货币供给的探讨

在清前期，也就是17世纪下叶，国内又一次出现了流通白银短缺、市场萧条的现象。唐甄[1]形象地描绘了当时的情形:"自明以来,乃专以银。至于今,银日益少,不充世用。有千金之产者,尝旬月不见铢两。谷贱不得饭,肉贱不得食,布帛贱不得衣,鬻谷肉布帛者亦卒不得衣食,银少故也。当今之世,无人不穷,非穷于财,穷于银也。于是枫桥之市,粟麦壅积,南濠之市,百货不行。良贾失业,不得旋归。"[2]学术界考察了清前期流通白银短缺的原因。有学者认为,海上贸易禁令是导致清前期流通白银短缺的主要原因。为了封锁倡导复明的郑成功的海上势力,顺治末年政府颁布了海外贸易禁令,导致海外白银流入减少。也有学者从国内商品经济运行的角度探讨了清前期物价下跌、市场萧条的原因,包括政府财政紧缩、铜矿封禁政策等。[3]诚然,造成清前期流通白银短缺的原因与造成明末流通白银短缺的原因不尽相同,但是流通白银短缺对于商品经济运行的影响是一致的。清前期,流通白银短缺同样不利于产业发展和民众收入增长,还可能导致政府财政出现赤字。故而,学术界将17世纪下叶的市场萧条称为"康熙萧条"。为了解决流通白银短缺的问题,清前期关于货币供给的思想探讨提出了以下两种办法:

第一,积极铸造铜钱。通过增加铜钱的供应量以解决流通白银短缺的问题是清前期货币思想提出的主流办法。除了积极铸造铜钱外,时人还提出了严禁私销私铸、放开铜矿开采禁令等办法。清前期,政府也实施积极有为的铸币政策。张宁指出,康熙年间京局铸钱在2 500万串至2 600万串。到18世纪早期,也有将近2 000万串优质康熙通宝在市场上流通,价值白银超过2 000万两。[4]就积极铸造铜钱而言,货币思想的观点主张和政府的货币政策相互印证。

清前期,同样有观点主张废除白银并调整货币制度。与明末相近,主张废除白银的原因主要在于政府部分丧失了货币发行权。任源祥[5]认为,白银流

---

[1] 唐甄(1630—1704),字铸万,号圃亭,明末清初思想家、政论家。
[2] 唐甄:《潜书》下篇上《更币》,《续修四库全书》第945册,第416页上栏。
[3] 参见吴承明:《中国的现代化:市场与社会》,生活·读书·新知三联书店2001年版,第236—237页;燕红忠:《从货币流通量看清代前期的经济增长与波动》,《清史研究》2008年第3期;[日]岸本美绪:《清代中国的物价与经济波动》,社会科学文献出版社2010年版,第229页。
[4] 张宁:《15—19世纪中国货币流通变革研究》,中国社会科学出版社2018年版,第102页。
[5] 任源祥(1618—1675),字王谷。诗文成就俱高,而尤精经世之学,助州县治刑名钱谷,均有成绩。

通是"利权倒持"的现象:"钱之为物,寒不可衣,饥不可食。但制之上,阳以大一统之名号,阴以操天下之重轻,故曰权也。……银之为物,民不能生之,君不能制之,徒使豪猾得以擅其奸,贪墨得以营其私,利权倒持,非国之福也。"[1]对此,唐甄阐述了废除白银并"以谷为本、以钱辅之"的货币制度调整方案:"凡禄九千石以下,皆令受粟。度宫朝官军之所用,皆令输缗,以钱附粟而给之。其在州郡县,常赋皆令输粟。凡禄三千石以下,皆令受粟。度城郭兵役之所用,皆令输缗,以钱附粟而给之。其在边防、内屯,将禄、卒食,皆令受粟。度甲胄衣履之所用,皆令运缗,以钱附粟而给之。唯是礼大臣,惠百官,既厚其禄,积粟何以运归? 则多与之钱,使可以置田宅、遗子孙,所以别于商贾也。夫赋以钱配,禄以钱配,饷以钱配,自朝廷至于闾阎,自段帛至于布絮,出纳无非钱者,不出三年,白银与铜锡等矣。"[2]根据唐甄的设想,铜钱和谷物均可用于政府收支,例如俸禄发放和税收征收等。但是,日常的商品交易主要使用铜钱,并不使用谷物。实际上,唐甄设计的货币制度就是主张流通铜钱。

第二,发行铜钞。虽然积极铸造铜钱是清前期货币思想提出的主要办法,但是邱嘉穗[3]也指出了钱法的弊端:"钱法之所以壅滞而不行者,非患其太简而失之重,即患其过繁而失之轻。要在权为母子之制,而简以统繁,繁以分简,俾其轻重之兼行,以相为流通而已矣。"[4]邱嘉穗所说的"太简而失之重"是指政府铸造虚值大钱使得铜钱的购买力贬值,"过繁而失之轻"是指铜钱不适用于远距离交易和大额交易。因此,邱嘉穗提出了发行铜钞的办法:"取白铜之精好者,销铸为钞,如今之钱式……面曰康熙宝钞,背曰准五、准十之类,以至准百而止。……有钞为母,以统钱之繁,有钱为子,以分钞之简……既不至若前明宝钞易烂之制度,而又可收宋、元交子、会子之用,其亦庶几古人作轻作重之意,而足以救钱法之靡也欤。"[5]从交换媒介二维属性分析框架来看,邱嘉穗注意到了

---

[1] 任源祥:《制钱议》,贺长龄辑:《清经世文编》卷53,魏源:《魏源全集》第15册,岳麓书社2004年版,第900—901页。

[2] 唐甄:《潜书》下篇上《更币》,《续修四库全书》第945册,第416页下栏、第417页上栏。

[3] 邱嘉穗,生卒年均不详,字实亭,康熙庚午科(1690年)举人,归善县知县。

[4] 邱嘉穗:《铜钞议》,贺长龄辑:《清经世文编》卷53,魏源:《魏源全集》第15册,岳麓书社2004年版,第919页。

[5] 同上书,第920页。

铜钱流通性较差并且稳定性一般的特点。因此,他设计铜钞"以统钱之繁"的目的是弥补铜钱流通性较差的缺陷,即大数用铜钞、小数用铜钱,以替代大数用银、小数用钱。不难看出,邱嘉穗设计的铜钞和历史上曾经流通的虚值大钱并无实质区别。倘若政府为了缓解财政赤字而大量发行铜钞,同样会导致铜钞的购买力贬值,甚至造成钱法的混乱。

总的来说,针对流通白银短缺的问题,清前期提出的解决办法主要包括积极铸造铜钱、发行铜钞等。政策绩效等同于增加铜钱的供应量。此外,顺治时期政府曾短暂地发行纸钞。由于发行数量较少,顺治时期的纸钞对货币流通的影响较小。若比较清前期提出的解决流通白银短缺问题的办法和明末提出的解决办法,可以发现两者具有相近的结构特征。晚明时期海外白银大量涌入中国以后,白银与铜钱并行流通,纸钞被民众弃用。同时,银钱并行也存在一个制度隐患。当流入中国的海外白银数量减少时,国内可能出现流通白银短缺的情形,从而不利于商品经济发展和维护社会稳定。此时,时人便会针对解决流通白银短缺问题的办法展开讨论。一方面,可以考虑设法增加国内白银存量。如果国内社会动荡导致商品经济运行紊乱和白银流通受阻,政府则应当维护社会稳定并恢复正常的生产生活秩序,例如宋应星、徐光启等人的观点。政府还可以增开银矿,例如兵部侍郎万恭等人的观点。另一方面,可以考虑设法增加铜钱的供应量。政府需实施积极有为的铸币政策,同时严禁私销私铸、增开铜矿。为了维护铜钱流通,货币思想往往会以政府部分丧失货币发行权为由,提出废除白银的建议,例如黄宗羲、唐甄等人的观点。政府还可以发行纸钞。如果纸钞的发行量过大,则纸钞贬值极易被民众弃用。可以说,在明末和清前期,政府解决流通白银短缺问题的办法可以归纳为增加国内白银存量和增加铜钱的供应量两种。需要强调的是,国内白银存量往往难以在短时间内快速增加。这就表明增加铜钱的供应量往往是政府解决流通白银短缺问题的主要办法。

(二)"道光萧条"时期货币供给的探讨

道光年间,国内又一次出现了市场萧条的情形,学术界称之为"道光萧条"。"道光萧条"的主要表现同样有流通白银短缺、民众生活困苦、政府财政拮据等。

礼部主事龚自珍[1]形象地描绘了当时的情况："自京师始概乎四方,大抵富户变贫户,贫户变饿者。四民之首,奔走下贱,各省大局,岌岌乎皆不可以支月日,奚暇问年岁。"[2]学者讨论了道光年间流通白银短缺的原因。一种观点认为,鸦片走私导致白银外流,从而使得国内流通白银短缺。根据严中平等人的统计,鸦片战争前十余年间,中国每年的白银流出量多达数百万两。[3]根据吴承明的估计,国内白银自1827年起持续净流出,并由每年的350余万两升至400余万两,1833年达到669万两的高峰。[4]另一种观点认为,流入中国的海外白银数量减少是导致国内流通白银短缺的主要原因。林满红研究发现,并非鸦片的输入,而是世界金银减产和中国茶叶、生丝在世界市场的萧条才是导致白银外流的根本原因。[5]诚然,道光年间流通白银短缺是多种因素共同作用的结果,鸦片走私和世界金银减产都是不可忽视的原因。同时,国内流通白银短缺又会造成银贵钱贱的问题,进一步恶化国内货币制度运行和市场交易的环境。军机大臣左宗棠[6]指出："银价日昂,银复难得,农者以庸钱粪值为苦,田主以办饷折漕为苦。食易货难,金生谷死。"[7]综合学术界关于道光时期流通白银短缺的原因分析,燕红忠总结,"道光萧条"是由白银外流、货币短缺、银贵钱贱对整个经济运行的冲击所造成的。[8]流通白银短缺、市场萧条、政府财政拮据引发了时人关于货币供给的探讨。为了解决流通白银短缺的问题,道光年间关于货币供给的思想探讨中提出了以下三种办法。

第一,发行纸钞为主、铸造铜钱为辅。王鎏[9]提出了较为完整的纸钞发行办法。王鎏认为,政府发行纸钞应当综合运用"禁铜器""铸大钱"的政策,三者同时实施可以"尽善而无弊"："是故不行钞法,则无资本以收铜,而禁铜将至于累民。不铸大钱,则无以佐钞,而行钞苦难于零析。不禁铜器,则钱不免有私铸

---

[1] 龚自珍(1792—1841),字璱人,号定盦,清代思想家、诗人、文学家和改良主义的先驱者。
[2] 龚自珍:《定盦文集》卷中《西域置行省议》。
[3] 参见严中平等:《中国近代经济史统计资料选辑》,科学出版社1955年版,第32—33页。
[4] 吴承明:《中国的现代化:市场与社会》,生活·读书·新知三联书店2001年版,第287页。
[5] 林满红:《银线:19世纪的世界与中国》,江苏人民出版社2011年版,第106—107页。
[6] 左宗棠(1812—1885),字季高,号湘上农人,晚清政治家、军事家,洋务派代表人物之一。
[7] 左宗棠:《左文襄公书牍》卷1《上贺庶农先生·乙巳》。
[8] 燕红忠:《从货币流通量看清代前期的经济增长与波动》,《清史研究》2008年第3期。
[9] 王鎏(1786—1843),字子兼,一字亮生,清代货币理论家。

第六章 货币供给探讨的延续:思想转型的历史影响

私毁之虞,而钞因以有过多过少之虑。"[1]王鎏进一步分析了发行纸钞的好处:"举天下之利权而尽操之于上,然后可以加惠于四海之民,兴利除弊,惟一人之所为,而无所难矣。"[2]根据王鎏的设计,流通货币仅仅包括纸钞与铜钱,这意味着货币发行权归属政府。林满红指出,在王鎏的计划中,国家的货币主权将借由排除其他国内外的经济势力并植基在民众的信赖之上而清楚界定。[3]

第二,铸造铜钱为主、发行纸钞为辅。包世臣[4]并不认同王鎏发行纸钞的办法。他认为,纸钞难以避免因发行量过大而被民众弃用:"'造百万,即百万,造千万,即千万,是操不涸之财源'云云,从来钞法难行而易败者,正坐此耳。"[5]在货币制度的设计上,包世臣的观点与王鎏正好相反。他主张铸造铜钱为主、发行纸钞为辅:"欲救此弊,惟有专以钱为币。一切公事皆以钱起数,而以钞为总统之用,辅钱之不及。"[6]不难看出,王鎏和包世臣的本意都是钱钞并行,铜钱与纸钞保持一定的兑换比例。道光年间的社会经济环境和明末的社会经济环境截然不同,但是对白银流通的影响是相同的,两个时期都出现了流通白银短缺的现象。从理论分析上看,王鎏和包世臣的讨论与明末关于铸造铜钱和发行纸钞的讨论并无实质区别。铜钱和纸钞均不是兼具流通性与稳定性的交换媒介,无论货币政策在铸造铜钱和发行纸钞之间如何调整,都无法满足市场流通的需要。

第三,发行以白银计价的纸钞。户部右侍郎王茂荫[7]熟谙纸钞贬值的弊端:"钞无定数则出之不穷,似为大利。不知出愈多,值愈贱。明际钞一贯至不值一钱。于是不得不思责民纳银以易钞,不得不思禁民用银以行钞。种种扰民,皆由此出。"[8]对此,王茂荫设想发行以白银计价的纸钞,以避免纸钞贬值:"元以前,未尝用银,故钞皆以钱贯计。今所贵在银而不在钱,则钞宜以银两计。

---

[1] 王鎏:《钱币刍言》,《续修四库全书》第838册,第603页下栏。
[2] 同上。
[3] 林满红:《银线:19世纪的世界与中国》,江苏人民出版社2011年版,第139页。
[4] 包世臣(1775—1855),字慎伯,晚号倦翁,清代学者、书法家。
[5] 王鎏:《钱币刍言》,《续修四库全书》第838册,第631页上栏。
[6] 包世臣:《安吴四种》卷26《再答王亮生书》。
[7] 王茂荫(1798—1865),字椿年,号子怀,清代货币理论家、财政学家。
[8] 王茂荫:《王侍郎奏议》卷1《条议钞法折》,《续修四库全书》第500册,第420页上栏。

过重则不便于分,过轻则不便于整。请定为两种,以十两者为一种,五十两者为一种。十两以下则可以钱便之也。十两以上至数十两则皆可以十两者便之。百两以上至数千两则皆可以五十两者便之。"[1]王茂荫所说以白银计价的纸钞仍然是不兑现纸币。倘若政府增发以白银计价的纸钞,同样会造成纸钞贬值进而被民众弃用。从实质上讲,王茂荫设计的纸钞和王鎏设计的纸钞并无区别。以白银计价并不能解决纸钞贬值的弊端。

总的来说,道光年间货币供给的探讨较多地涉及纸钞的发行。比较传统货币思想中发行纸钞的观点,王鎏、包世臣等人的主张并无创见。从货币制度运行的层面考察,道光年间提出发行纸钞的观点有其必然性。与清前期流通白银短缺的情形不同,道光年间流通白银短缺伴随着银贵钱贱的现象。清前期社会动荡结束,商品经济逐步恢复发展。当时并未出现银贵钱贱的现象,政府可以通过实施积极有为的铸币政策缓解流通白银短缺的情形。但是百余年后,铜钱的供应量已经大幅增长,商品经济较之清前期也有显著发展。道光年间银贵钱贱的现象限制了政府铸币政策的实施空间,此时增加铜钱的供应量可能进一步加剧银贵钱贱的程度。与此同时,市场也需要适用于远距离交易和大额交易的交换媒介,在流通白银短缺的情形下可供选择的交换媒介只有纸钞。因此,如何发行纸钞、避免纸钞贬值是当时货币思想讨论的焦点。

二、货币供给探讨延续的特征

晚明时期,货币思想经历了从"银为上币"说到"银钱两权"说的转型,还提出了废银主张。明末,徐光启、宋应星等人对"银荒"的成因分析表明,只要社会动荡结束并且商品生产恢复,白银就能重新流通起来。废除白银意味着流通货币又将回到铜钱与纸钞的"循环困局",这不符合交换行为对交换媒介的要求。事实上,明末社会动荡结束后,白银的确恢复流通。明末以后,关于货币供给的讨论继续进行。讨论的内容既与明末相近,也有新的变化。

每当流通白银短缺的情形出现时,时人便会就货币供给的问题展开广泛讨

---

[1] 王茂荫:《王侍郎奏议》卷1《条议钞法折》,《续修四库全书》第500册,第419页下栏、第420页上栏。

第六章 货币供给探讨的延续:思想转型的历史影响

论。整体来看,晚明时期海外白银大量涌入中国以后,国内出现过三次较大的流通白银短缺情形,分别是明末、康熙年间和道光年间。如表 6.1 所示,1691—1720 年间的白银流通量相比 1651—1690 年间下降了约 10%,1831—1850 年间的白银流通量相比 1821—1830 年间下降了约 20%。

表 6.1　　　　　　　　　清代的白银流通量　　　　　　　　　单位:两

时　间	白银流通量	时　间	白银流通量
1651—1660 年	213 675 214	1761—1770 年	447 480 935
1661—1670 年	211 422 613	1771—1780 年	492 911 386
1671—1680 年	207 732 851	1781—1790 年	517 217 839
1681—1690 年	209 977 329	1791—1800 年	345 556 679
1691—1700 年	174 767 691	1801—1810 年	340 103 296
1701—1710 年	176 016 766	1811—1820 年	344 870 226
1711—1720 年	188 738 659	1821—1830 年	427 246 819
1721—1730 年	203 606 498	1831—1840 年	386 920 130
1731—1740 年	240 184 934	1841—1850 年	326 961 350
1741—1750 年	315 425 771	1851—1860 年	327 095 748
1751—1760 年	383 263 038		

资料来源:燕红忠,《从货币流通量看清代前期的经济增长与波动》,《清史研究》2008 年第 3 期。

时人的讨论与从"银为上币"说到"银钱两权"说的思想转型密切相关。岸本美绪在探讨晚明白银北流问题时曾指出:"晚明人士对待白银北流问题的思考方法为清初康熙年间和清代后期道光年间银荒时期的经世论者所继承。"[1] 白银北流对国内货币制度运行的直接影响即是造成流通白银短缺的情形。晚明时期货币思想转型的现实基础是海外白银大量涌入中国、白银与铜钱并行流通以及纸钞被民众弃用。晚明以降关于货币供给问题的讨论则涉及白银的存废、货币制度的调整等方面。从这个意义上讲,厘清明末、康熙年间、道光年间货币供给探讨延续的特征是明晰晚明时期货币思想转型历史影响的前提。货

---

[1] [日]岸本美绪:《晚明的白银北流问题》,《中国经济史研究》2020 年第 1 期。

币供给探讨延续的特征主要有以下三点：

第一，流通白银短缺是引发晚明以降货币供给探讨的直接原因，而造成流通白银短缺的原因各不相同。从交换媒介二维属性分析框架来看，晚明时期海外白银大量涌入中国突破了宋元时期至明中期白银流通性较差的瓶颈。兼具流通性与稳定性的白银用于远距离交易和大额交易，流通性较差、稳定性一般的铜钱用于近距离交易和小额交易。流通白银短缺不利于商品经济发展和市场规模扩大，同时也会降低政府赋税征收的效率。因此，流通白银短缺势必引发时人关于货币供给的探讨。

晚明以降，国内出现过三次较大的流通白银短缺情形，造成流通白银短缺的原因各不相同。根据宋应星、徐光启等人的观点，造成明末流通白银短缺的原因主要是国内政局动荡。当代学者研究发现，拉美白银流入减少也是造成明末流通白银短缺的原因之一。造成清前期流通白银短缺的原因主要是政府颁布海上贸易禁令、政府财政紧缩以及铜矿封禁政策等。造成道光时期流通白银短缺的原因主要是鸦片输入和世界金银减产。综合来看，造成国内流通白银短缺的原因有外因和内因两个方面：一方面是涉及海外白银流入的外因，例如政府颁布海上贸易禁令、世界金银减产等。中国并非产银大国，虽然国内银矿开采在一定程度上可以缓解流通白银短缺的情形，但是海外白银仍然是国内流通白银的主要来源。另一方面是涉及国内商品经济运行的内因，例如国内政局动荡等。稳定的社会环境是货币制度良好运行和商品经济持续发展的前提。国内政局动荡破坏了生产经营、市场交易、民众生活和政府税收的社会环境，不仅可以妨碍海外白银的流入，而且严重影响了国内已有白银的流通。具体来看，倘若国内政局动荡破坏了稳定的社会经济环境，即使海外白银能够流入中国，国内仍然可能出现流通白银短缺的情形。倘若国内保持稳定的社会经济环境，同时遇到海外白银流入减少的情形，则政府可以实施相应的政策以缓解国内流通白银短缺的问题。可以说，国内稳定的社会经济环境对于维护白银流通至关重要。

第二，解决流通白银短缺问题的办法探讨围绕白银、纸钞和铜钱三者展开，不同时期的思想探讨各有侧重点。明中期以前，货币供给的探讨以铜钱与纸钞为主。明中期，时人探讨了白银作为主要流通货币的合理性，户部尚书邱浚首

第六章　货币供给探讨的延续:思想转型的历史影响

次提出"以银为上币"的"三币之法"。虽然在现实中纸钞因贬值而被民众弃用,但是从货币思想的层面看,纸钞仍然是可供选择的流通货币之一。这也意味着,晚明以降每当遇到流通白银短缺的情形,解决流通白银短缺问题的办法探讨仍然包括白银、纸钞和铜钱三者。

不同时期的思想探讨侧重点鲜明。明末,造成流通白银短缺的原因主要有社会动荡、拉美白银流入减少等。明末提出解决流通白银短缺问题的办法既有主张增开银矿,也有主张铸造铜钱、发行纸钞。由于明末政局动荡,政府无力确保货币政策的实施绩效,所以对增开银矿、铸造铜钱、发行纸钞等办法的思想探讨并无侧重。清前期,造成流通白银短缺的原因主要有政府颁布海上贸易禁令、政府财政紧缩等。出于国家稳定的考虑,政府无法放开海上贸易禁令。同时,清前期政局动荡结束,政府也有能力实施有效的货币政策。商品经济逐渐恢复发展,适用于近距离交易和小额交易的铜钱需求量较大。清前期的银钱比价是"钱贵银贱"。如表 6.2 所示,1660—1700 年,银钱比价大约为 1∶700 至 1∶800。"钱贵银贱"在一定程度上表明市面上铜钱的需求量较大,这也为政府实施积极有为的铸币政策提供了良好的条件。故而,清前期提出解决流通白银短缺问题的办法侧重于积极铸造铜钱。道光年间,造成流通白银短缺的原因主要有鸦片输入和世界金银减产。道光年间提出解决流通白银短缺问题的办法侧重于发行纸钞而不是积极铸造铜钱,原因在于道光年间的社会经济形势较清前期发生了显著变化。自清朝建立后的百余年间,政局相对稳定,商品经济持续发展。与清前期不同的是,此时的市场交易更需要适用于远距离交易和大额交易的白银。更关键的是,经过百余年的铸造铜钱,道光年间的银钱比价大约为 1∶1 300 至 1∶1 400,如表 6.2 所示。清前期的"钱贵银贱"转变为"银贵钱贱"之后,政府如果要继续实施积极有为的铸币政策,结果可能进一步恶化流通白银短缺的情形。不难看出,相较于清前期,可用于解决流通白银短缺问题的交换媒介只有纸钞。于是,时人针对纸钞的发行展开讨论。但是,政府增发纸钞极易导致纸钞贬值,稳定性较差的纸钞无法满足市场交易和财富积累的需要。从这个意义上讲,道光年间关于发行纸钞以缓解流通白银短缺的思想探讨是无奈之举,并不具备长期的可行性。事实也是如此,道光年间政府难以对流通白银短缺和"银贵钱贱"的问题采取有效的治理措施。林满红指出:"1853 年以前政府唯一采取的行动是停止或放慢许多官方铸局的铜钱铸造,政府不仅没有介入,反而更进一步让市场自由运作。"[1]

表6.2　　　　　　　　　　清代的银钱比价　　　　　　　　单位:文/两

时　间	银钱比价	时　间	银钱比价
1651—1660 年	702	1761—1770 年	880
1661—1670 年	701	1771—1780 年	886
1671—1680 年	699	1781—1790 年	911
1681—1690 年	699	1791—1800 年	1 399
1691—1700 年	849	1801—1810 年	1 500
1701—1710 年	851	1811—1820 年	1 549
1711—1720 年	850	1821—1830 年	1 301
1721—1730 年	817	1831—1840 年	1 467
1731—1740 年	851	1841—1850 年	1 717
1741—1750 年	799	1851—1860 年	1 706
1751—1760 年	844		

资料来源:燕红忠,《从货币流通量看清代前期的经济增长与波动》,《清史研究》2008 年第 3 期。

第三,货币发行权归属问题是货币供给探讨的重要议题,废除白银的观点与支持白银的观点并存。白银与铜钱并行流通以后,"银为上币"说演变为"银钱两权"说,货币发行权归属问题的争议便一直存在。政府部分地丧失货币发行权不利于调控货币经济和维护社会稳定。尤其是当政府出现财政赤字并探讨发行纸钞时,废除白银的观点往往是当时讨论的焦点。

在道光年间,王鎏提出了明确的废银主张。首先,王鎏认为,纸钞与白银的性质相同:"至谓钞虚而银实,则甚不然。言乎银有形质,则钞亦有形质。言乎其饥不可食,寒不可衣,则银钞皆同。"[2]在王鎏看来,纸钞发行以后,白银流通

---

[1] 林满红:《银线:19 世纪的世界与中国》,江苏人民出版社 2011 年版,第 163 页。
[2] 王鎏:《钱币刍言》,《续修四库全书》第 838 册,第 631 页上栏。

第六章　货币供给探讨的延续：思想转型的历史影响

已无必要。其次,王鎏认为,废除白银发行纸钞可以解决银贵的问题:"银贵之弊,惟行钞可以去之。以钞易银,如其值而加二分之利,以后银不为币,自无银之可贵矣。"[1]再次,王鎏认为,废除白银可以解决白银外流的问题:"外洋所以欲得中国之银者,虑银为洋钱,仍入中国取利耳。中国既用钞,不用洋钱,外洋亦何取欲得中国之银乎？且中国所以惧银入于外洋者,虑银少而不足用耳。银既不为币,纵使尽入外洋,亦与中国无损。"[2]晚明时期,海外白银大量涌入中国突破了白银流通性较差的瓶颈,白银成为兼具流通性与稳定性的交换媒介。纸钞因稳定性较差而被民众弃用。纸钞与白银的性质有显著区别。民众偏好使用白银,废除白银并不能解决货币供给的难题,发行纸钞与铸造虚值大钱会使纸钞和铜钱陷入货币供给的"循环困局"。可以说,王鎏的废银主张并不符合客观实际。

包世臣则并未提出废银主张。包世臣认为,货币制度的设计应当顺应民众追求自身利益的诉求:"然益上之指,总在利民,乃可久而无弊。若一存自利之见,则有良法而无美意,民若受损,亦未见其必能益上也。"[3]基于此,他也认同白银流通有利于市场交易和民众改善生活:"银币虽末富,而其权乃与五谷相轻重。本末皆富,则家给人足,猝遇水旱,不能为灾。此千古治法之宗,而子孙万世之计也。"[4]包世臣一方面主张铸造铜钱为主、发行纸钞为辅,另一方面又未提出废银主张。虽然包世臣未将白银用作流通货币,但事实上白银、纸钞和铜钱三者都可用于市场交易:"一切以钱起算,与钞为二币,亦不废银,而不以银为币,长落听之市人。"[5]可以想见,如果政府增发纸钞导致纸钞贬值而被民众弃用,流通货币仍然以白银与铜钱为主。若要确保铜钱与纸钞并行流通,则必须废银。明末钱秉镫对此已有阐释:"钱法惟在禁铜,钞法惟在禁银。禁铜,人以为迂谈,禁银则世以为怪论。然不如此,恐终不能行也。"[6]包世臣主张维护白银流通,他提出白银、纸钞和铜钱三者并行流通的货币制度在现实运行中最终

---

[1] 王鎏:《钱币刍言》,《续修四库全书》第838册,第631页下栏。
[2] 同上,第633页下栏。
[3] 包世臣:《安吴四种》卷26《再答王亮生书·附记》。
[4] 包世臣:《安吴四种》卷26《庚辰杂著》。
[5] 包世臣:《安吴四种》卷26《与张渊甫书》。
[6] 钱秉镫:《田间文集》卷7《钱钞议》,《续修四库全书》第1401册,第98页上栏。

会演变成铜钱与白银两者并行流通。

总的来说,在白银作为主要流通货币的背景下,晚明时期货币供给的探讨会一直延续下去。白银流通意味着政府部分丧失了货币发行权,进而使得铸造铜钱与发行纸钞的办法都难以缓解政府财政赤字。政府白银储备不足,发行以白银计价的纸钞不能解决纸钞贬值的弊端。政府部分丧失货币发行权的问题,直到20世纪30年代实施"废两改元"的政策,才找到解决的方案。一旦货币发行权归属政府,政府便可通过增发货币来缓解财政赤字。货币购买力贬值不利于民众财富积累,货币制度变迁又一次导致了社会不同阶层之间的利益关系调整。

第二节 晚明时期货币思想转型的历史影响

白银流通意味着政府部分丧失了货币发行权。与明末相近,清前期和道光年间的货币供给探讨都反映了"银钱并行"与"废银"的理念分歧。黑田明伸指出:"排除了计数性特点的称量货币,而且政府与一切银币的发行没有关系的这种中国白银的使用方式,从世界历史上来看是极其特殊的。"[1]通过梳理明末、清前期和道光年间的货币供给探讨可以看出,晚明时期货币思想转型对传统货币思想的发展产生了深远的历史影响。

一、货币供给讨论的议题增加

货币供给的讨论增加了放任白银流通的议题,对于传统货币思想认识货币制度和商品经济运行的内在关联具有重要的理论意义。从交换媒介二维属性分析框架来看,不同种类的货币既可以在流通性上具有明显区别,也可以在稳定性上具有明显区别。不同流通性与不同稳定性的货币对支付结算和财富积累的影响各不相同,从而与商品经济运行的互动关系也有差异。铜钱流通性较差,稳定性一般;纸钞稳定性较差,流通性较好。铜钱仅仅适用于近距离交易和小额交易,而纸钞则能够适应远距离交易和大额交易。当政府增发纸钞导致纸钞贬值,铜钱比纸钞更能满足民众对财富积累的要求。16世纪海外白银大量涌

---

[1] [日]黑田明伸:《货币制度的世界史》,中国人民大学出版社2007年版,第100页。

第六章 货币供给探讨的延续:思想转型的历史影响

入中国以后,兼具流通性与稳定性的白银既可以用于远距离交易和大额交易,也可以满足民众对财富积累的要求。即使政府禁止使用金银交易,白银也未退出流通。白银、纸钞、铜钱与商品经济运行的不同互动关系表明,政府设计制定货币制度必须考虑民众的利益。诚如《管子》所说:"三币握之则非有补于暖也,食之则非有补于饱也,先王以守财物,以御民事,而平天下也。"[1]根据《管子》所述,政府设计制定货币政策的目的,不仅有"守财物",而且包括"御民事""平天下"。这意味着货币制度的设计制定需要尽可能满足政府和民众的利益诉求,尤其是不能破坏商品经济运行的秩序。

针对流通白银短缺,放开海上贸易禁令也是新增的议题。清前期,河道总督靳辅[2]指出,海上贸易禁令造成流通白银短缺、市场萧条已引发社会的共议:"顺治十六年……申严海禁,将沿海之民迁之内地,不许片板入海,经今二十年矣。流通之银日销,而壅滞之货莫售。……臣细察舆论,实因海禁太严,财源杜绝,有耗无增,是以民生穷困,至于此极。"[3]漕运总督慕天颜[4]分析了国内白银供给的来源:一是开采银矿,二是海上贸易。开采银矿的成本可能大于收益,而海上贸易不仅可以繁荣市场交易,而且可以增加财政收入。因此,慕天颜主张放开海上贸易禁令:"惟番舶之往来,以吾岁出之货而易其岁入之财。岁有所出,则于我毫无所损,而殖产交易愈足以鼓艺业之勤。岁有所入则在我日见其赢,而货贿会通,立可以祛贫寡之患。银两既以充溢,课饷赖为转输,数年之间,富强可以坐致。"[5]中国并非产银大国,清前期国内白银存量的增长在很大程度上仍然受到海外白银流入的影响。靳辅、慕天颜等人在流通白银短缺的情形下提出放开海上贸易禁令的主张合乎客观实际。

总的来说,货币供给的讨论增加放任白银流通的议题,流通白银短缺的讨论增加放开海上贸易禁令的议题,丰富了传统货币思想对货币制度和商品经济

---

[1] 黎翔凤:《管子校注》卷 22《国蓄》,中华书局 2004 年版,第 1279 页。
[2] 靳辅(1633—1692),字紫垣。历任内阁中书、内阁学士、安徽巡抚、河道总督。
[3] 靳辅:《靳文襄公奏疏》卷 7《生财裕饷第二疏》。
[4] 慕天颜(1624—1696),字拱极,顺治十二年(1655 年)进士。历任浙江钱塘知县、江苏布政使、江宁巡抚。
[5] 慕天颜:《请开海禁疏》,贺长龄辑:《清经世文编》卷 26,魏源:《魏源全集》第 14 册,岳麓书社 2004 年版,第 535 页。

运行互动的理解。

二、调控货币经济的难题长期存在

货币发行权归属问题的争议一直存在,政府部分丧失货币发行权之后如何有效地调控货币经济成为传统货币思想的难题。晚明时期以前,货币发行权归属政府,传统货币思想关于货币发行权归属问题的讨论并不激烈。少数观点建议政府允许私人铸造铜钱,但遭致众多人反对。然而,在晚明时期,政府部分丧失了货币发行权,货币发行权归属问题的争议较为激烈。"银钱两权"说包含了货币发行权不必归属政府的观点,同货币发行权归属政府的传统观点相对立。更为关键的是,货币发行权归属政府是政府调控货币经济、缓解财政赤字的重要保障。在白银作为主要流通货币的背景下,政府调控货币经济的能力被极大地削弱。在嘉靖、隆庆、万历时期,政府通过"一条鞭法"改革以应对白银储备的不足。但这并不能解决政府部分丧失货币发行权的问题。16世纪,国内大部分白银的来源是民间的对外贸易。如果禁止民间的对外贸易,政府便无法通过税收等途径获得白银储备;如果允许民间的对外贸易,政府部分丧失货币发行权的问题便难以解决。有学者指出,明后期至晚清的大部分时间里,中国对核心货币白银的制度管理与货币市场总体处于放任状态。[1] 晚明时期以后,银钱并行,政府如何有效地调控货币经济是传统货币思想长期面临的难题。

为应对政府调控货币经济的难题,19世纪有观点提出了铸造银钱的办法。明清时期流通的白银以称量形态存在,其中并不包含政府信用。然而,银钱包含政府信用,铸造银钱的目的就是解决政府部分丧失货币发行权的问题。两江总督张之洞[2]认为,政府铸造银钱与铸造铜钱皆是"国家自有之权力";"铸币便民,乃国家自有之权利,铜钱银钱,理无二致,皆应我行我法,方为得体"。[3]

---

[1] 邱永志、张国坤:《价值基准的深化与离散:再论明清以降的虚银两制度》,《江西师范大学学报(哲学社会科学版)》2021年第1期。

[2] 张之洞(1837—1909),字孝达,号香涛,同治二年(1863年)进士。历任翰林院编修、教习、侍读、侍讲、内阁学士、山西巡抚、两广总督、湖广总督、两江总督、军机大臣。

[3] 张之洞:《张文襄公全集》卷19《试铸银元片》。

郑观应[1]分析了政府铸造银钱的四个好处:"铸之既多,则洋钱来源自稀,足夺西人利权,其利一。用之既广,保财源亦崇国体,其利二。银圆既非足色,鼓铸即有盈余,一切开销皆可取给于此,而无耗折之虞,其利三。分量之高低一律,价值之贵贱从同,便商民而维市面,其利四。"[2]从郑观应的分析中可以看出,铸造银钱可以使得货币发行权再度归属政府,然后政府可以通过铸造虚值银钱缓解财政赤字。这就是郑观应所说"夺西人利权""一切开销皆可取给于此"的现实意义。张之洞和郑观应的观点表明,无论流通何种货币,货币发行权归属政府都是货币制度设计的核心。但是,政府铸造银钱同样需要足够的白银储备。如果政府白银储备不足,便无法铸造银钱。吴承明指出,18世纪国内银产量应不下 4 000 万两,连同 17 世纪下叶和 19 世纪上叶当有 7 000 万两左右。区区每年四五十万两的白银生产,显然不能满足清代人口增长和市场扩大的货币需要。[3]与晚明时期的情形相同,19 世纪政府储备白银仍然需要求诸民间对外贸易的渠道。在白银储备不足的条件下,即使政府铸造银钱,数量也非常有限。市面上的主要流通货币仍以称量形态的白银为主。在政府白银储备不足的条件下,铸造银钱的提议并不能解决政府调控货币经济的难题。

三、形成缓解政府财政赤字的币制改革讨论框架

由于"银钱两权"说无法应对政府财政赤字,因此传统货币思想提出的铸造铜钱和发行纸钞构成了缓解政府财政赤字的币制改革讨论框架。16 世纪海外白银大量涌入中国以后,白银替代铜钱、纸钞成为主要流通货币的趋势难以逆转,同时也迫使政府陷入两难境地。每当商品经济运行紊乱并且政府出现严重的财政赤字时,"银钱两权"说无法提出政府迅速获得白银储备的办法,政府只能考虑铸造铜钱和发行纸钞。因为就铜钱和纸钞而言,货币发行权归属政府。换言之,白银替代铜钱、纸钞成为主要流通货币之后,通过铸造铜钱和发行纸钞

---

[1] 郑观应(1842—1921),字正翔,号陶斋,别号杞忧生,近代启蒙思想家、实业家、教育家、文学家。
[2] 郑观应:《盛世危言增订新编》卷 4《铸银》,(台北)台湾学生书局 1964 年版,第 618 页。
[3] 吴承明:《中国的现代化:市场与社会》,生活·读书·新知三联书店 2001 年版,第 276、277 页。

缓解政府财政赤字的币制改革讨论框架,具有一般性。但是,铜钱和纸钞均不是兼具流通性与稳定性的交换媒介,无论货币政策在铸造铜钱和发行纸钞之间如何调整,都无法长期满足市场流通的需要。

道光年间,币制改革的探讨同样不能提出解决流通白银短缺问题和缓解政府财政赤字的有效办法。从交换媒介二维属性分析框架来看,纸钞稳定性较差,现实中难以长期流通。王鎏、包世臣等人的观点也无法解决纸钞贬值的问题。学者考察了"道光萧条"时期政府最后采取的货币政策,发行纸钞或大额钱币以及铜钱替代白银的建议都被拒绝,同时减少或停止铸造铜钱。[1]另外,当时也有反对废除白银的观点。户部主事许楣[2]指出:"如欲尽废天下之银,是惟无银,有则虽废于上,必不能废于下也。"[3]发行纸钞则纸钞因贬值而被民众弃用,废除白银则有较多的反对意见,道光年间币制改革的探讨实则陷入了两难境地。总的来说,虽然传统货币思想提出了缓解政府财政赤字的币制改革讨论框架,现实中却难以实现预期目标。

有学者考察了明清铜钱流通体制从式微到重整的转变过程。邱永志、张国坤指出,这种转变发生的原因在于明清商品经济既有基础不同、民间对小额通货的需求不断上升,最为关键的原因是清廷强有力的货币政策。[4]基于晚明以降货币思想转型和货币制度变迁的完整过程可以进一步发现,清前期政府实施积极有为的铸币政策是缓解国内货币供应量不足困境的暂时办法。从理论上讲,在流通货币从钱钞并行向银钱并行转变的过程中,货币发行权归属政府的流通货币只有铜钱。换言之,当国内出现货币供应量不足的情形时,政府能够采取的货币政策只有铸造铜钱。清前期社会动荡结束、商品经济逐渐恢复发展的背景又为政府实施积极有为的铸币政策创造了良好条件。道光年间,白银净流入量减少,银贵钱贱。此时,政府仍然拥有积极铸造铜钱的能力,但是实施铸币政策的条件已不具备。从这个意义上讲,明清铜钱流通体制从式微到重整的转变过程对于缓解国内货币供应量不足困境的作用十分有限。事实上,道光

---

[1] 林满红:《银线:19世纪的世界与中国》,江苏人民出版社2011年版,第158—159页。
[2] 许楣(1797—1870),字金门,号辛木,道光十三年(1833年)进士,清代货币理论家。
[3] 许楣:《钞币论》,《续修四库全书》第838册,第658页上栏。
[4] 邱永志、张国坤:《明清铜钱流通体制的式微与重整》,《重庆大学学报(社会科学版)》2021年第1期。

年间政府也未再一次实施积极有为的铸币政策。海外白银大量涌入中国以后，白银成为兼具流通性与稳定性的交换媒介。晚明以后银钱并行，但只有白银既能够用于远距离交易和大额交易，又能满足财富贮藏的需求。政府可以在特定条件下实施积极有为的铸币政策来暂时缓解国内货币供应量不足的困境，但是无法满足市场对兼具流通性与稳定性的交换媒介之需求。正如黑田明伸所说："中国的货币史(特别是称量银的制度)说明货币和市场并非只是单线条发展，而是按着各种条件以多元方式不断改变。"[1]

---

[1] [日]黑田明伸:《中国货币史上的用银转变:切片、称重、入账的白银》,《中国经济史研究》2020年第1期。

第七章 结论与启示

　　本书通过建构流通性与稳定性的交换媒介二维属性分析框架,探讨了晚明时期货币思想转型的阶段特征和理论内涵,以及其与传统货币思想的争议。研究发现:第一,明前期铜钱和纸钞形成了货币供给的"循环困局"。铜钱稳定性一般,流通性较差;纸钞流通性较好,稳定性较差。面对人口普遍流动、民营手工业兴起、逐步形成的全国性市场,无论是铸造铜钱还是发行纸钞都不能取得令人满意的结果。第二,晚明时期货币思想转型的路径可分为两个阶段。在转型的第一阶段,国内白银存量尚不充裕,"银为上币"说提出了复合型白银流通制度以及分层级管理办法。虽然"银为上币"说提升了白银在货币制度中的重要性,但实质仍然是挽救流通性较好的纸钞。第三,在转型的第二阶段,海外白银大量涌入中国使得国内白银存量大幅增加。白银成为兼具流通性与稳定性的交换媒介,"银钱两权"说提出以去纸钞化为中心的复合型白银流通制度调整方案。第四,国内白银存量大幅增加是一个偶然事件。流通性较好的交换媒介有了更多的选择,从而推动货币制度设计剔除纸钞的必然发生。倘若没有海外白银大量涌入中国,晚明时期货币思想转型还将继续摸索。

第一节　晚明时期货币思想转型与白银流通的总结和评价

　　晚明时期货币思想转型是中国古代货币思想发展过程中的重要阶段。明中期以前,可供选择的流通货币主要是铜钱和纸钞;明中期以后,可供选择的流通货币有铜钱、纸钞和白银三者。铜钱、纸钞和白银三者的互动关系较为复杂,使得明中期以后的货币思想相较于明中期以前呈现更多不同的观点。梳理转型前后货币思想的特点,能够更客观地评价晚明时期的白银流通。

一、转型前后货币思想的特点

"银为上币"说和"银钱两权"说的提出是中国古代货币思想发展过程中的重要节点。明中期以前,流通货币主要是铜钱和纸钞。基于此,明中期以前传统货币思想的特点可概括为以下三点:第一,货币供给的讨论围绕铸造铜钱与发行纸钞展开;第二,货币发行权归属政府;第三,子母相权论和轻重论是政府调节货币供应量的理论依据。自户部尚书邱浚提出"银为上币"说之后,传统货币思想开始转型。

晚明时期货币思想转型的特点可概括为以下三点:第一,货币供给的讨论增加了放任白银流通的议题。邱浚设计了复合型白银流通制度,尔后"银钱两权"说提出了以去纸钞化为中心的复合型白银流通制度调整方案。第二,由于白银作为主要流通货币,其供应量并不受政府控制,因此货币发行权归属问题在晚明时期货币思想转型中引起了较大的争议。第三,白银流通使得政府难以运用子母相权论和轻重论调节货币供应量,当政府出现严重的财政赤字时,"银钱两权"说在货币思想讨论中表现出边缘化的特征。

整体来看,晚明以后的货币思想既有传统的特点,又有转型的特点。第一,货币供给的讨论有所扩大,包含铸造铜钱、发行纸钞和放任白银流通三个议题。第二,由于货币制度不可能回到明中期以前的情形,货币发行权归属问题的争议在晚明以后的货币思想讨论中一直存在。第三,"银钱两权"说包含了货币发行权不必归属政府的观点,在以政府制定货币政策为导向的思想讨论中,"银钱两权"说的边缘化特征也一直存在。表7.1列举了晚明时期转型前后货币思想的特点。

表 7.1　　　　　　　　晚明时期转型前后货币思想的特点

	晚明时期以前货币思想的特点	晚明时期货币思想转型的特点	晚明时期以后货币思想的特点
可供选择的流通货币	铜钱、纸钞	增加白银	铜钱、纸钞、白银
货币发行权的归属问题	归属政府	出现争议	争议延续
子母相权论和轻重论的有效性	有效	无效	无效

有学者总结了晚明时期关于白银流通的认知过程:第一个阶段是明代中期货币体系的重构以及邱浚以白银为价值基准的货币结构论;第二个阶段是从货币控制权的视角提出"重钱轻银"论;第三个阶段是从增加民众负担的白银财富分配功能提出"废银论"。[1] 笔者认为,晚明时期关于白银流通的认知过程是一个发轫于传统货币思想、既有动力也有阻力的转型过程。一方面,晚明时期关于白银流通的认知过程离不开传统货币思想的路径依赖影响。考察晚明时期关于白银流通的认知过程,应当基于古代货币思想的发展脉络。另一方面,货币制度变迁往往影响着商品经济运行的过程,进而导致社会不同阶层之间利益关系的调整。这种利益关系调整在货币思想上表现为转型既有动力也有阻力。分阶段的线性过程不足以揭示晚明时期认识白银流通的复杂性与思想冲突。基于传统的上中下三品货币制度,户部尚书邱浚首次提出了"银为上币"说。16世纪海外白银大量涌入中国以后,"银为上币"说演变为"银钱两权"说。然而,白银成为主要流通货币意味着政府部分地丧失了货币发行权,货币发行权归属问题的争议由此而起。同时,政府部分地丧失货币发行权便难以调控货币经济。一旦出现流通白银短缺的情形,时人会就货币制度调整展开广泛的讨论。货币发行权归属问题的争议和"银荒"现象的探讨反映了从"银为上币"说到"银钱两权"说的思想转型阻力。清前期和道光时期关于货币供给的观点主张延续了晚明时期思想探讨的结构特征。晚明以降货币思想提出了废银主张并试图改变银钱并行的局面,但现实中难以实现。白银作为主要流通货币的原

---

[1] 参见何平:《清代前期多元复合货币结构下的困惑与对策》,《清史研究》2016年第3期。

因在于其是兼具流通性与稳定性的交换媒介。基于民众追求自身利益的诉求,纸钞稳定性较差,在流通中极易因贬值而被民众弃用。

经过从"银为上币"说到"银钱两权"说的思想转型,转型前后货币思想的特点也有了明显的变化。思想转型的动力和阻力共同反映了晚明时期关于白银流通的认知深化。综合转型前后货币思想的特点和货币制度运行的客观现实,能够更清晰地揭示"银为上币"说和"银钱两权"说在古代货币思想史上的独特地位。

二、晚明时期白银流通的评价

研究晚明时期货币思想转型和货币制度变迁,需要注意关于晚明时期白银流通的评价。学术界的观点可分为两种,即"白银进步论"和"白银退步论"。持"白银进步论"的学者认为,白银流通使得市场经济以前所未有的发展速度极大扩展,是转型变革中的中国与正在形成中的整体世界相联系的产物。[1]持"白银退步论"的学者认为,白银的外部供给使得明清政府失去了对货币供给量的控制权,从而导致在对西方的经济贸易关系中处于被动的不利地位。[2]前者认为白银流通在中国史和世界史上具有划时代的意义;后者认为白银流通带来了极其深刻的负面影响。之所以同一事件得出截然相反的观点,是因为流通货币演变会对不同的社会阶层产生不同的影响,例如从晚明时期社会不同阶层的立场出发评价白银流通就会有不同观点。

然而,从晚明时期货币思想转型的角度来看,白银流通实现了政府和民众之间的利益关系调整,这也意味着"白银进步论"和"白银退步论"都带有浓厚的主观色彩。"白银进步论"忽略了货币发行权归属问题的争议,"白银退步论"忽略了白银作为主要流通货币的合理性。晚明时期白银流通的评价应当充分考虑政府与民众之间的利益关系调整,避免囿于某一社会阶层单方面的主观成见。与此同时,结合转型前后货币思想的特点比较,能够更客观地评价晚明时期的白银流通:第一,晚明时期白银作为主要流通货币,得益于外银内流的偶然

---

[1] 万明:《明代白银货币化:中国与世界连接的新视角》,《河北学刊》2004年第3期。
[2] 何平:《世界货币视野中明代白银货币地位的确立及其意义》,《中国经济史研究》2016年第6期。

事件弥补了明中期以前白银流通性较差的缺陷;第二,晚明时期的白银是一种兼具流通性与稳定性的交换媒介,白银成为主要流通货币是不以人的意志为转移的。

从晚明时期到20世纪30年代的法币改革,白银替代铜钱、纸钞用作主要流通货币历时四百余年。置身于这四百余年的起点,外银内流弥补了国内白银流通性较差的缺陷,使得白银成为兼具流通性与稳定性的交换媒介。置身于这四百余年的终点,美国颁布《购银法案》使得中国白银外流,国内白银流通性较差的瓶颈重现。同时,中国国内战事造成生产生活秩序紊乱和政府财政赤字,动摇了白银作为主要流通货币的地位。有学者研究清末民初币制后提出了"白银退步论"的观点:"白银由外国控制引发近代中国的经济危机,落后的银两制引发信用制度与金融制度的滞后。"[1]这类观点同样忽略了铜钱、纸钞和白银三者的互动关系,以及晚明时期白银作为主要流通货币的合理性。法币改革后国家再度垄断货币发行权,法币的流通性得以保障。然而,法币超发短短数年便导致恶性通货膨胀,市场秩序破坏殆尽。法币的稳定性几乎完全丧失,不得不退出流通。从国民政府法币改革回看晚明时期货币思想转型,购买力稳定是民众选择交换媒介的不变标准,兼具流通性与稳定性的交换媒介是理性经济人的首选。

第二节 晚明时期货币思想转型的启示与研究展望

一、晚明时期货币思想转型的启示

思考历史的目的之一,是以史为鉴、古为今用。唐太宗李世民曾有一言:"以古为镜,可以知兴替。"[2]"银为上币"说和"银钱两权"说关于复合型白银流通制度的设计与调整体现出理性经济人对交换媒介的要求,其与传统货币思想的争议则反映了货币制度变迁导致社会不同阶层之间利益关系调整的关键。

---

[1] 戴建兵:《中国近代的白银核心型货币体系(1890—1935)》,《中国社会科学》2012年第9期。
[2] 刘昫等:《旧唐书》卷71《列传第二十一》,中华书局1975年版,第2561页。

不可否认,晚明时期关于货币制度的探讨和现代关于货币制度的探讨有较大的差异。但是,理性经济人对交换媒介的要求不会因为时间的不同而发生改变。货币制度变迁导致社会不同阶层之间利益关系调整的关键代表了理性经济人追求自身利益的关键,同样不会因为时间的不同而发生改变。从这个角度来说,晚明时期的探讨和现代的探讨可互为借鉴。希望本书的研究能够对当前政府制定货币政策、完善国家治理体系有所启发。

第一,现代国家应当坚持货币发行权归属政府的主张。货币发行权归属问题是晚明时期货币思想转型和传统货币思想的最大争议。货币发行权的不同归属是社会不同阶层之间利益关系调整的关键。当货币发行权归属政府时,政府可以通过增发货币来缓解财政赤字。货币发行权归属私人则削弱了政府增加货币供应量的能力,不利于政府缓解财政赤字。然而,未来充满不确定性,战争、自然灾害、瘟疫等因素都可能使政府在短时间内出现财政赤字。工业革命以后,当社会出现有效需求不足、企业大量倒闭、失业率上升的情形时,政府加大投资提高就业率也会造成财政赤字。现代国家发行主权货币,同样应当坚持货币发行权归属政府的主张,为缓解财政赤字保留货币政策的实施空间。

第二,货币政策应当更加注重主权货币通货膨胀的管理。晚明时期货币思想转型表明,兼具流通性与稳定性的交换媒介是货币的最佳选择。在现代国家,主权货币一般为不兑现纸币,流通性较好,但是,政府增发货币会造成主权货币的稳定性较差;也就是说,从交换媒介二维属性分析框架来看,现代国家的主权货币与明前期的纸钞性质相近。需要注意的是,晚明时期出现了兼具流通性与稳定性的交换媒介,于是稳定性较差的纸钞被民众弃用。而在现代国家,民众没有兼具流通性与稳定性的交换媒介可供选择。为了抵御主权货币贬值,民众便会购买稀缺性资产,从而使得其价格大幅上涨。政府增发货币的目的是缓解财政赤字、维护社会稳定,然而其负面效应也不可忽视。主权货币通货膨胀和稀缺性资产价格上涨可能扰乱市场价格发现及资源配置功能,加剧商品经济运行的不确定性。基于主权货币稳定性的考虑,货币政策应当更加注重主权货币通货膨胀的管理:一方面,尽可能控制政府增发货币的规模,维护主权货币的购买力稳定,使其能够体现市场交易者对商品的合理估价;另一方面,尽可能控制稀缺性资产价格上涨,严厉打击市场投机行为,激发并保护企业家精神。

第三,作为国家治理体系的重要组成部分,货币政策应当兼顾社会不同阶层的利益诉求。货币政策是国家治理体系的重要组成部分,需要遵循国家治理的原则。《大学衍义补》是一本考察国家治理体系的著作,户部尚书邱浚在其中指出国家治理应当兼顾社会不同阶层的利益诉求:"事皆有理,必事事皆得其宜;人各有心,须人人不拂所欲。"〔1〕邱浚将国家治理体系中涉及经济的内容分为"固邦本"和"制国用"两个部分。《尚书》对"邦本"一词的解释为:"民惟邦本,本固邦宁。"〔2〕也就是说,"固邦本"表明国家治理体系应当维护民众的利益诉求,"制国用"表明国家治理体系还应当满足政府财政的需要。明前期,民众积累的财富因纸钞贬值而受到侵害。邱浚设计复合型白银流通制度与分层级管理办法,其目的就是维护民众的利益。兼顾社会不同阶层的利益诉求是国家治理的原则。在现代国家,货币政策的制定若以缓解政府财政和提高就业率为目标,则可能造成主权货币通货膨胀和稀缺性资产价格上涨。货币政策的制定若以管理主权货币通货膨胀为目标,则可能难以缓解政府财政赤字以及提高就业率。未来充满不确定性,在货币政策的实施过程中,社会不同阶层展开利益关系调整的博弈。政府需要根据实际情况相机抉择,以兼顾民众的利益诉求和政府财政的需要。这也是完善国家治理体系的现实意义。

第四,从方法论的角度来说,交换媒介二维属性分析框架对于考察国家经济制度变革的理论逻辑具有一定的借鉴意义。在习俗经济和指令经济中,利用货币进行商品交换的比重很低。当习俗经济、指令经济向市场经济演化时,货币制度不仅是市场交易和财富积累的缩影,而且是国家经济制度变革的底层环节。兼具流通性与稳定性的交换媒介缺位不利于降低交易费用和保护私有财产,从而增加了经济制度变革的不确定性。生产萎缩无法安排流动人口就业,货币财政不能满足国家开支便会转向实物财政。国家经济制度变革面临中断,管制人口流动的政策或将重新出台,经济效率下降可能引发社会动荡。中国古代的经济思想很早就提出了货币制度对国家治理的重要性,《管子》有云:"五谷食米,民之司命也;黄金刀币,民之通施也。故善者执其通施以御其司命,故民

---

〔1〕 邱浚:《大学衍义补》,《进〈大学衍义补〉表》,京华出版社1999年版,第4页。
〔2〕 阮元:《十三经注疏》,《尚书》卷7《五子之歌》,中华书局1980年版,第156页下栏。

力可得而尽也。"[1]交换媒介与民众生活息息相关,深入探讨货币制度与市场发育的关系,有助于深化国家经济制度变革的理论认知。

二、晚明时期货币思想转型的研究展望

晚明时期货币思想转型是中国传统货币思想发展过程中承上启下的阶段。晚明时期关于货币供给的讨论涵盖了宋元时期至明中期提出的主要观点,同时开启了明末至19世纪中叶货币思想讨论的新局面。本书运用流通性与稳定性的交换媒介二维属性分析框架,考察晚明时期货币思想转型的阶段划分、阶段特征、理论内涵和历史影响等。倘若将晚明时期关于货币供给的讨论置于近代货币思想发展的长时段背景中,抑或将其置于实物货币、金属货币、信用货币和虚拟货币的历史演变线索中,晚明时期货币思想转型仍有值得深入思考之处。

第一,考察晚明时期货币思想转型与近代货币思想发展的理论关联,揭示传统货币思想向近代演变的逻辑线索。晚明时期海外白银大量涌入中国,白银替代铜钱、纸钞成为主要流通货币。19世纪中叶以后,外国货币逐渐流入中国,在国内不同地区使用。相较于晚明时期,近代货币流通的情形更为复杂。近代白银仍然是主要的流通货币,关于白银的货币制度设计和完善既是晚明时期货币思想讨论的重点,也是近代货币思想发展无法回避的议题。外国货币在国内流通使用同样意味着政府部分丧失了货币发行权,近代关于货币发行权归属问题的讨论还面临着外国货币流通增多的现实考验。从内容上看,近代货币思想讨论与晚明时期有所不同。但是,从理论实质上看,近代货币思想讨论与晚明时期又有一定的关联。考察近代货币思想发展,应当着眼于晚明时期货币思想转型的大背景。通过梳理晚明时期货币思想转型与近代货币思想发展的理论关联,使两个时期的货币思想研究得以贯通和系统化,能够对传统货币思想的近代化演变有一个更为深刻的认识。

第二,基于交换媒介二维属性分析框架以及晚明时期货币供给探讨的经验,辨析虚拟货币的本质和风险。晚明时期货币供给探讨的经验表明,兼具流通性与稳定性的交换媒介是货币的最优选择。近年来,比特币等虚拟货币以去

---

[1] 黎翔凤:《管子校注》卷22《国蓄》,中华书局2004年版,第1259页。

中心化为口号吸引了大量投资者，然而虚拟货币的潜在风险却没有被市场充分认知。仔细分析虚拟货币作为交换媒介的流通性与稳定性，可以发现其交易具有较大的金融风险。从流通性来讲，虚拟货币虽然以美元结算，但发行量不能满足经济发展的需要，贸易使用规模不及美元、欧元等主权货币。从稳定性来讲，虚拟货币依靠区块链技术限制过快发行，没有国家信用做担保不足以保持民众信心和价值稳定。去中心化在一定程度上可以起到抑制通货膨胀的作用，但是由于虚拟货币作为交易媒介在流通性与稳定性上有较大欠缺，因此两者的金融风险不容忽视。不可否认的是，弗里德里希·冯·哈耶克的竞争性货币理论至今仍停留在纸上阶段，多种货币竞争共存的制度在复杂的国际政治环境中难以实现。政府应当从交换媒介的基本属性出发，识别防范虚拟货币的金融风险，引导金融创新与经济社会发展相协调。

第三，进一步完善社会变革中经济思想转型的理论解释框架。本书从动力和阻力两个视角考察晚明时期货币思想转型。就转型动力而言，本书具体探讨了思想转型的背景、特征和理论内涵等。就转型阻力而言，本书着重探讨了"银荒"问题的提出和货币发行权归属问题的争议。在思想转型过程中，动力和阻力相互作用呈现转型的历史影响，同时折射出政府和民众之间利益关系的调整。基于理性经济人假设，经济思想转型、经济制度变迁和社会变革的实质是政府、企业、民众等社会不同阶层之间利益关系的调整。不协调的利益关系演变为相互协调的利益关系不仅是维护社会稳定的重要前提，而且是转型和变革的最终目的。在转型和变革的过程中，经济思想可以先于经济制度发生转型，为制度变迁提供理论探索，例如晚明时期货币思想转型第一阶段的"银为上币"说。另外，经济制度也可以先于经济思想发生变迁，为思想转型提供客观依据，例如晚明时期货币思想转型第二阶段的"银钱两权"说。

总的来讲，社会变革中经济思想转型的理论解释框架包括两方面含义：其一，经济思想和经济制度的互动反映了思想认知的深化和经济运行的调整；其二，转型和变革过程中动力与阻力的互动反映了社会不同阶层之间利益关系的调整。不协调的社会利益关系有多种成因，思想认知的深化和经济运行的调整有多种路径。社会变革中经济思想转型的理论解释框架可以根据不同的研究对象加以完善。

参考文献

一、古籍

《国语》。

《明太祖实录》。

《明成祖实录》。

《明宪宗实录》。

《明世宗实录》。

《明神宗实录》。

《明熹宗实录》。

《崇祯长编》。

班固:《汉书》,中华书局1962年版。

包世臣:《安吴四种》。

顾炎武:《日知录》,《景印文渊阁四库全书》第858册。

顾炎武:《亭林文集》,《四部丛刊》初编第1607册。

郭子章:《钱法》,陈子龙等编:《皇明经世文编》卷420,《四库禁毁书丛刊》集部第28册。

龚自珍:《定庵文集》。

胡祗遹:《紫山大全集》,《景印文渊阁四库全书》第1196册。

黄宗羲:《明夷待访录》,王云五主编:《丛书集成初编》第760册。

靳辅:《靳文襄公奏疏》。

靳学颜:《讲求财用疏》,陈子龙等编:《皇明经世文编》卷299,《四库禁毁书丛刊》集部第26册。

嵇璜、刘墉等:《清朝文献通考》,王云五编:《万有文库》第二集,商务印书馆

1936年版。

孔齐:《静斋至正直记》。

李曾伯:《可斋续稿》,《景印文渊阁四库全书》第1179册。

刘定之:《刘文安公呆斋先生策略》,《四库全书存目丛书》第34册。

陆世仪:《论钱币》,贺长龄辑:《清经世文编》卷52,魏源:《魏源全集》第15册,岳麓书社2004年版。

刘昫:《旧唐书》,中华书局1975年版。

李诩:《戒庵老人漫笔》,中华书局1982年版。

李之藻:《铸钱议》,陈子龙等编:《皇明经世文编》卷484,《四库禁毁书丛刊》集部第29册。

马端临:《文献通考》,《景印文渊阁四库全书》第610册。

慕天颜:《请开海禁疏》,贺长龄辑:《清经世文编》卷26,魏源:《魏源全集》第14册,岳麓书社2004年版。

欧阳修、宋祁:《新唐书》,中华书局1975年版。

钱秉镫:《田间文集》,《续修四库全书》第1401册。

邱浚:《大学衍义补》,京华出版社1999年版。

邱嘉穗:《铜钞议》,贺长龄辑:《清经世文编》卷53,魏源:《魏源全集》第15册,岳麓书社2004年版。

任源祥:《制钱议》,贺长龄辑:《清经世文编》卷53,魏源:《魏源全集》第15册,岳麓书社2004年版。

阮元:《十三经注疏》,中华书局1980年版。

孙承泽:《春明梦余录》,《景印文渊阁四库全书》第868册。

司马迁:《史记》,中华书局1959年版。

沈约:《宋书》,中华书局1974年版。

宋应星:《野议》,《野议·论气·谈天·思怜诗》,上海人民出版社1976年版。

谭纶:《论理财疏》,陈子龙等编:《皇明经世文编》卷322,《四库禁毁书丛刊》集部第27册。

唐甄:《潜书》,《续修四库全书》第945册。

脱脱等:《宋史》,中华书局 1977 年版。

万恭:《钱谷议》,黄宗羲编:《明文海》卷 78,《景印文渊阁四库全书》第 1453 册。

王夫之:《读通鉴论》,岳麓书社 2011 年版。

王鎏:《钱币刍言》,《续修四库全书》第 838 册。

王茂荫:《王侍郎奏议》,《续修四库全书》第 500 册。

王守仁:《王阳明全集》,线装书局 2014 年版。

王世贞:《弇州史料后集》,《四库禁毁书丛刊》史部第 50 册。

王祎:《王忠文集》,《景印文渊阁四库全书》第 1226 册。

辛弃疾:《论行用会子梳》,杨士奇等编:《历代名臣奏议》卷 272,《景印文渊阁四库全书》第 440 册。

徐光启:《徐光启集》,中华书局 1963 年版。

许楣:《钞币论》,《续修四库全书》第 838 册。

谢肇淛:《五杂俎》,中华书局 1959 年版。

谢肇淛:《滇略》,《景印文渊阁四库全书》第 494 册。

叶水心:《叶适集》,中华书局 1961 年版。

叶子奇:《草木子》,《景印文渊阁四库全书》第 866 册。

周忱:《与行在户部诸公书》,陈子龙等编:《皇明经世文编》卷 22,《四库禁毁书丛刊》集部第 22 册。

郑观应:《盛世危言增订新编》,(台北)台湾学生书局 1964 年版。

张瀚:《松窗梦语》,《治世余文·继世纪闻·松窗梦语》,中华书局 1985 年版。

张廷玉:《明史》,中华书局 1974 年版。

张之洞:《张文襄公全集》。

朱健:《古今治平略》,《续修四库全书》第 756 册。

左宗棠:《左文襄公书牍》。

二、今著

[日]岸本美绪:《清代中国的物价与经济波动》,社会科学出版社 2010 年版。

[日]岸本美绪:《晚明的白银北流问题》,《中国经济史研究》2020 年第 1 期。

[美]艾维四:《1530—1650 年前后国际白银流通与中国经济》,国家清史编纂委员会编译组:《清史译丛》第十一辑,商务印书馆 2013 年版。

[美]艾维四:《1635—1644 年前后白银输入中国的再考察》,国家清史编纂委员会编译组:《清史译丛》第十一辑,商务印书馆 2013 年版。

[英]阿谢德:《17 世纪中国德普遍性危机》,国家清史编纂委员会编译组:《清史译丛》第十一辑,商务印书馆 2013 年版。

陈春声、刘志伟:《贡赋、市场与物质生活——试论十八世纪美洲白银输入与中国社会变迁之关系》,《清华大学学报(哲学社会科学版)》2010 年第 5 期。

陈锋:《明清变革:国家财政的三大转型》,《江汉论坛》2018 年第 2 期。

陈锋:《明清时代的"统计银两化"与"银钱兼权"》,《中国经济史研究》2019 年第 6 期。

陈昆:《宝钞崩坏、白银需求与海外白银流入——对明代白银货币化的考察》,《南京审计学院学报》2011 年第 2 期。

陈淮:《大道至简:讲给 EMBA 的经济学》,中国发展出版社 2004 年版。

陈仁仁:《焚书·续焚书校释》,岳麓书社 2011 年版。

陈勇勤:《中国经济思想史》,河南人民出版社 2008 年版。

曹树基:《中国人口史》第四卷,复旦大学出版社 2000 年版。

[美]道格拉斯·诺斯:《制度、制度变迁与经济绩效》,格致出版社等 2008 年版。

[美]道格拉斯·诺思,罗伯斯·托马斯:《西方世界的兴起》,华夏出版社 2014 年版。

戴建兵:《中国近代的白银核心型货币体系(1890—1935)》,《中国社会科学》2012 年第 9 期。

[美]大卫·格雷伯:《债:第一个 5000 年》,中信出版社 2012 年版。

[英]弗里德里希·冯·哈耶克:《货币的非国家化》,新星出版社 2007 年版。

樊树志:《晚明史:1573—1644》,复旦大学出版社 2003 年版。

樊树志:《晚明大变局》,中华书局 2015 年版。

傅衣凌:《明清社会经济变迁论》,人民出版社1989年版。

高聪明:《论宋代商品货币经济发展的特点》,《宋史研究论丛》1999年第3辑。

[德]贡德·弗兰克:《白银资本》,中央编译出版社2000年版。

管汉晖、钱盛:《宋代纸币的运行机制:本位、回赎、战争与通胀》,《经济科学》2016年第4期。

[英]菲力克斯·马汀:《货币野史》,中信出版社2014年版。

黄阿明:《明代货币与货币流通》,华东师范大学博士学位论文,2008年。

黄阿明:《明代货币白银化与国家制度变革研究》,广陵书社2016年版。

侯外庐:《中国思想通史》第五卷《中国早期启蒙思想史》,人民出版社1956年版。

胡寄窗:《中国经济思想史》第三卷,上海财经大学出版社1998年版。

何平:《清代前期多元复合货币结构下的困惑与对策》,《清史研究》2016年第3期。

何平:《世界货币视野中明代白银货币地位的确立及其意义》,《中国经济史研究》2016年第6期。

何平:《传统中国的货币与财政》,人民出版社2019年版。

何平:《白银走上主导货币舞台的步伐与明中期的"邱濬方案"》,《中国钱币》2020年第3期。

何平:《"白银时代"的多维透视与明末的"废银论"》,《中国钱币》2020年第4期。

何平:《明代中后期货币"使用处方"的转变——从"重钱轻银""行钞废银"到"三者相权"》,《中国钱币》2020年第5期。

何平:《明清之际陆世仪的货币论与信用货币的缺失》,《中国钱币》2020年第6期。

[日]黑田明伸:《货币制度的世界史》,中国人民大学出版社2007年版。

[日]黑田明伸:《中国货币史上的用银转变:切片、称重、入账的白银》,《中国经济史研究》2020年第1期。

[美]金世杰:《17世纪的东方与西方:斯图亚特英国、奥斯曼土耳其和明代中国的政治危机》,国家清史编纂委员会编译组:《清史译丛》第十一辑,商务印

书馆 2013 年版。

[英]凯恩斯:《货币论》,商务印书馆 1997 年版。

李伯重:《江南的早期工业化(1550—1850)》,社会科学文献出版社 2000 年版。

黎翔凤:《管子校注》卷 22《国蓄》,中华书局 2004 年版。

梁方仲:《梁方仲经济史论文集》,中华书局 1989 年版。

[奥]路德维希·冯·米塞斯:《人的行为》,上海社会科学院出版社 2015 年版。

刘光临:《明代通货问题研究——对明代货币经济规模和结构的初步估计》,《中国经济史研究》2011 年第 1 期。

刘光临:《银进钱出与明代货币流通体制》,《河北大学学报》2011 年第 2 期。

李金明:《明代海外贸易史》,中国社会科学出版社 1990 年版。

李隆生:《明末白银存量的估计》,《中国钱币》2005 年第 1 期。

[英]劳伦斯·哈里斯:《货币理论》,商务印书馆 2017 年版。

林满红:《银线:19 世纪的世界与中国》,江苏人民出版社 2011 年版。

刘曙光:《社会历史的必然性、偶然性及其复杂性》,《湖湘论坛》2009 年第 3 期。

柳欣:《马克思经济学与资本主义》,《南开经济研究》2013 年第 6 期。

李晓蓉:《西方经济学说史》,北京大学出版社 2014 年版。

[美]里亚·格林菲尔德:《资本主义精神》,上海人民出版社 2009 年版。

刘玉峰:《中国古代货币理论和铸币政策评议》,《山西大学学报(哲学社会科学版)》2008 年第 4 期。

[美]米尔顿·弗里德曼:《货币的祸害》,商务印书馆 2006 年版。

[美]曼昆:《经济学原理:宏观经济学分册》,北京大学出版社 2015 年版。

[德]马克思:《资本论》第一卷,人民出版社 2008 年版。

[美]马立博:《虎、米、丝、泥——帝制晚期华南的环境与经济》,江苏人民出版社 2012 年版。

马良:《明清时期白银货币泛化研究(16—19 世纪中叶)》,辽宁大学博士学位论文,2013 年。

马涛:《新编经济思想史》第一卷,经济科学出版社 2016 年版。

马涛、宋丹:《论中国古代货币价值论的特点》,《贵州财经学院学报》2009 年第 4 期。

倪来恩、夏维中:《外国白银与明帝国的崩溃——关于明末外国白银的输入及其作用的重新检讨》,《中国社会经济史研究》1990 年第 3 期。

[美]富兰克·H. 奈特:《风险、不确定性和利润》,中国人民大学出版社 2005 年版。

欧阳卫民:《中国古代货币理论的主要成就》,《金融研究》1992 年第 6 期。

彭凯翔:《货币化与多元化:白银挑动下的明清货币"复调"》,《中国经济史研究》2019 年第 6 期。

[美]彭慕兰:《大分流——欧洲、中国及现代世界经济的发展》,江苏人民出版社 2004 年版。

彭南生、严鹏:《技术演化与中西"大分流"——重工业角度的重新审视》,《中国经济史研究》2012 年第 3 期。

裴铁军:《金代货币经济研究》,吉林大学博士学位论文,2016 年。

彭信威:《中国货币史》,上海人民出版社 2007 年版。

全汉昇:《中国经济史论丛》,中华书局 2012 年版。

邱永志:《明代货币结构的转变及其原因——以白银的货币性质为分析视角》,《南京大学学报(哲学·人文科学·社会科学版)》2013 年第 5 期。

邱永志:《论明代前期白银的"双轨"流通及其内涵》,《思想战线》2017 年第 5 期。

邱永志:《元明变迁视角下明代货币白银化的体制促因》,《中国钱币》2018 年第 1 期。

邱永志:《国家"救市"与货币转型——明中叶国家货币制度领域与民间市场上的白银替代》,《中国经济史研究》2018 年第 6 期。

邱永志:《"白银时代"的落地——明代货币白银化与银钱并行格局的形成》,社会科学文献出版社 2018 年版。

邱永志:《明代隆万时期的货币扩张与地方反应》,《厦门大学学报(哲学社会科学版)》2019 年第 2 期。

邱永志、张国坤:《基准转移、结构嵌入与信用离散——近世货币变迁中的白银问题》,《中国经济史研究》2020 年第 1 期。

邱永志、张国坤:《明清铜钱流通体制的式微与重整》,《重庆大学学报(社会科学版)》2021年第1期。

申斌、刘志伟:《明代财政史研究的里程碑》,《清华大学学报(哲学社会科学版)》2018年第1期。

宋杰:《中国货币发展史》,首都师范大学出版社1999年版。

桑一丰:《两宋纸币兴衰之探源:一个演化视角的解释》,《国际商务》2013年第2期。

孙义飞、王晋新:《多元化、多样化、拓展化与开放性——西方学术界"17世纪普遍危机"论争及其启示》,《安徽史学》2006年第1期。

唐文基:《16—18世纪中国商业革命》,社会科学文献出版社2008年版。

[以]唐·帕廷金:《货币、利息与价格》,中国社会科学出版社1996年版。

吴承明:《论广义政治经济学》,《经济研究》1992年第11期。

吴承明:《现代化与中国十六、十七世纪的现代化因素》,《中国经济史研究》1998年第4期。

吴承明:《经济史:历史观与方法论》,《中国经济史研究》2001年第3期。

吴承明:《中国的现代化:市场与社会》,生活·读书·新知三联书店2001年版。

王昉、徐永辰:《从"银为上币"到"银钱两权"——晚明白银流通思想的形成与演变》,《复旦学报(社会科学版)》2018年第5期。

吴慧:《中国商业通史》,中国财政经济出版社2006年版。

[美]魏斐德:《中国与17世纪危机》,国家清史编纂委员会编译组:《清史译丛》第十一辑,商务印书馆2013年版。

吴量恺等:《中国经济通史》第七卷,湖南人民出版社2002年版。

王利器:《盐铁论校注》,中华书局2017年版。

万明:《明代白银货币化与制度变迁》,《暨南史学》2003年第1期。

万明:《明代白银货币化的初步考察》,《中国经济史研究》2003年第2期。

万明:《明代白银货币化:中国与世界连接的新视角》,《河北学刊》2004年第3期。

万明:《晚明社会变迁问题与研究》,商务印书馆2005年版。

万明:《白银货币化视角下的明代赋役改革(上)》,《学术月刊》2007年第5期。

万明:《白银货币化视角下的明代赋役改革(下)》,《学术月刊》2007年第6期。

万明:《明代白银货币化的总体视野:一个研究论纲》,《学术研究》2017年第5期。

万明:《明代白银货币化研究20年——学术历程的梳理》,《中国经济史研究》2019年第6期。

[美]王国斌:《转变的中国——历史变迁与欧洲经验的局限》,江苏人民出版社1998年版。

[美]王国斌、罗森塔尔:《大分流之外——中国和欧洲经济变迁的政治》,江苏人民出版社2018年版。

王海龙:《晚清财政困局下的货币思想研究》,西北大学博士学位论文,2017年。

[英]威廉·阿特威尔、阚岳南:《国际白银流动与中国明朝后期的经济》,《世界经济与政治论坛》1983年第1期。

王文成:《宋代白银货币化研究》,云南大学出版社2011年版。

王文成:《金朝时期的白银货币化与货币白银化》,《思想战线》2016年第6期。

王文成:《从〈救蜀楮密奏〉看南宋货币白银化》,《中国经济史研究》2018年第4期。

王裕巽:《明代白银国内开采与国外流入数额试考》,《中国钱币》1998年第3期。

王玉祥:《明代"私钱"述论》,《中国社会经济史研究》2002年第4期。

[美]万志英:《中国17世纪货币危机的神话与现实》,国家清史编纂委员会编译组:《清史译丛》第十一辑,商务印书馆2013年版。

许涤新、吴承明:《中国资本主义发展史》,人民出版社2003年版。

谢国桢:《增订晚明史籍考》,上海古籍出版社1981年版。

薛国中:《世界白银与中国经济——16-18世纪中国在世界经济体系中的地位》,《中国政法大学学报》2007年第1期。

肖清:《我国古代的货币虚实论和纸币称提理论》,《金融研究》1985年第11期。

萧清:《中国古代货币思想史》,人民出版社1987年版。

萧清:《中国古代货币史》,人民出版社1984年版。

[英]亚当·斯密:《道德情操论》,商务印书馆1997年版。

[德]约尔格·吉多·许尔斯曼:《货币生产的伦理》,浙江大学出版社2011年版。

[英]约翰·罗:《论货币和贸易》,商务印书馆1986年版。

[英]约翰·穆勒:《政治经济学原理》下卷,商务印书馆1991年版。

[英]约翰·希克斯:《经济史理论》,商务印书馆1987年版。

燕红忠:《从货币流通量看清代前期的经济增长与波动》,《清史研究》2008年第3期。

杨柳、李琳:《子母相权论对中国古代货币理论的探索和推动》,《经济问题探索》2013年第9期。

姚遂:《中国金融思想史》,中国金融出版社1994年版。

姚遂:《中国金融史》,高等教育出版社2007年版。

张宇燕、高程:《海外白银、初始制度条件与东方世界的停滞——关于晚明中国何以"错过"经济起飞历史机遇的猜想》,《经济学季刊》2005年第1期。

张宇燕、高程:《美洲金银和西方世界的兴起》,中信出版社2016年版。

致　谢

这是一篇致谢，也是一篇人生三十年的简单总结。

首先，由衷地感谢我的导师王昉教授。王老师在经济学理论分析上的严格要求使我获益匪浅。经济学理论纷繁复杂，不同观点相互矛盾的现象十分多见。王老师非常注重在经济思想史的研究中建构属于自己的理论分析框架，这对于古为今用、活学活用具有重要的现实意义。同时，王老师经常强调，论文章节的逻辑关系要清晰，尽量不写长句子、不用生僻词等。王老师在平时学习和论文写作上的指导令我受用一生。在此，向王老师致以最诚挚的谢意！

算上硕士与博士阶段，我在货币思想史和货币史上花了九年时间。本书是给自己的一个交代。回忆过去，最初对货币问题产生兴趣，是受到了 2007 年金融危机、2008 年"四万亿"投资计划、2009 年房价大涨的影响。当时，一些看空房价的文章被媒体追捧，我读完后感觉似是而非。反观现实，售楼处的热情气氛并未消减。2010 年政府出台房地产调控"国十条"后，房价也未腰斩。究竟是什么原因导致房价易涨难跌？为什么政府调控房地产行业难以取得预期目标？为什么看空房价的观点比看多房价的观点更易被追捧？带着这些疑惑，我报考了西南财经大学经济思想史专业的硕士研究生。没有选择热门的西方经济学专业，一方面我认为数理计量的研究方法不足以揭示经济运行的逻辑，另一方面我认为理解经济政策的设计与执行必须向历史寻求启发。攻读硕士学位期间，赵劲松教授引导我进入了货币史的领域，我选择晚明白银作为研究方向。我希望通过研究晚明白银，厘清货币的用处及其与经济运行的互动关系。攻读博士学位期间，我继续研究晚明白银。2015 年，房价再次大涨。2018 年，政府推行供给侧结构性改革。2019 年，贵州茅台的股价突破 1 000 元。2020 年，北京、上海、深圳房价再创新高。思考 GDP、M2、CPI 数据的变化趋势，对比晚明货币思想转型与货币制度变迁的理论逻辑,我逐步建立起货币问题的分析框架。货币发行权归属政府是政府缓解财政赤字的重要保障。货币供应量增加迫使稀缺性资产价格上涨,尤其是具有垄断优势的稀缺性资产,这也是《管子·海王》中所说"官山海"的深刻内涵。基于此,同样不难理解沃伦·巴菲特的名言:"在别人恐惧时贪婪,在别人贪婪时恐惧。"

攻读硕博的九年时间,身边的同龄人已经积累了许多工作经验。人生原本如此,有得有失,得失计较不清。邓小平同志说"发展才是硬道理",九年的经历让我对这句话有了更深刻的领悟。人生多数时间是在辛苦积累和耐心等待,成绩的取得往往在短时间内完成。更关键的是,漫长的积累和等待能不能换来成绩与发展,事先无法预知。未来充满不确定性,这一点对任何人而言都是公平的。一如十年前选择经济思想史专业那般,当前如何选择未来十年的道路仍然是豪赌一场。坚决地去尝试、去积累,有可能成功,也有可能失败。倘若怕失败而放弃尝试、放弃积累,那么绝无成功的机会。除了尝试,还需要做的,便是留好后路,不至于一败涂地。诚如《孙子兵法》所说:"昔之善战者,先为不可胜,以待敌之可胜。不可胜在己,可胜在敌。故善战者,能为不可胜,不使敌之必可胜。"愿好运再次站在我这边。

最后,感谢一路走来帮助过我的人。祝福你们,吉祥,顺遂!

徐永辰

2024 年 1 月